中央大学社会科学研究所研究叢書……22

選挙の基礎的研究

宮野　勝　編著

中央大学出版部

はしがき

　代議制民主政治では，選挙で代表を選び，選ばれた代表たちが重要事項を決定していく。結果としてどのような政治・政策になるかは，選挙だけで決まるわけではないが，たとえばマニフェストを掲げて選ばれた代表は，マニフェストを無視した政策は提言しづらくなる。選挙は，民主政治において根幹をなすともいえる大きな役割を果たしている。

　このため，選挙についてはすでに多くの研究の蓄積があり，政治関連領域の中でも最も厚く実証的な研究がなされてきた分野の一つであろう。しかし，それにもかかわらず，研究に値する事柄は多く残されている。

　本書は，まだ解明が十分でないと思われる選挙の基礎的な問題に関する研究を集めた，主として実証的な論集である。各章の主題は，参政権，候補者選び，選挙運動の手伝い，住民投票，投票率の基礎データなど，従来の実証研究で見逃されがちだったテーマと関連している。また実証的ではあるものの，いずれの章においても現実に議論されている諸問題を意識しつつテーマが選ばれており，現実に関する問題意識に裏打ちされている。

　第1章は，外国人参政権への態度の社会心理学的実証分析である。在留外国人，特に永住外国人に参政権を認めるか否かは，基本的人権に関わる大きな論点である。本章では，世論調査データの再分析を通じて，一般の人々の外国人参政権に対する態度がどのようなロジックで形成されるかを，外国人に対する脅威の認知と絡めて検討する。

　第2章は，自民党の候補者公認基準の理論的・実証的検討である。投票に際しては候補者の中から選ぶしかないので，どのような候補者がどのように選ばれるかは，代表選びにとって要所でもある。本章では，自民党の政党としての特性を一般理論との関連で検討しつつ，過去から現在に至る自民党における候補者公認のメカニズムを解明する。

　第3章は，選挙運動への参加の理論的検討である。理論的検討ではあるが，

選挙運動に関する実証研究をまとめるために考えられたものである点に特色がある。政治参加行動の全般に，自発的な参加と動員による参加の区分の困難性が認められるが，本章では，選挙運動への参加を「動員されたボランティア」として眺めることで，実態を捉えようとする。

　第4章は，住民投票に関する自治体間の比較実証研究である。複数の住民投票に際して実施した郵送調査を分析し，住民投票について一般的な知見を得ようとしている。住民の賛否を分ける要因として，特に，政治意識と政治情報とに着目する。

　第5章は，投票率に関する基礎データの検討と分析である。国政選挙の年代別の投票率として，旧自治省そして明るい選挙推進協会が公表してきているデータの特徴と精度を検討し，それらを用いた若干の分析を試みている。

　本書は，2004年度〜2006年度にかけて，中央大学社会科学研究所においてなされた共同研究「選挙の基礎的研究」チームの成果である。回を重ねた研究発表は，少人数の和気あいあいとした雰囲気の中で真剣なコメントが飛び交う，貴重な会であった。

2009年2月

編著者　宮　野　　　勝

目　次

はしがき

第1章　「寛容」の問題としての外国人参政権への態度
　　　　　　　　　　　　　　　　　　　　安野　智子
1．問題の背景 …………………………………………………1
2．データの概要と分析枠組み ………………………………15
3．結　　果 ……………………………………………………25
4．結論と今後の課題 …………………………………………31

第2章　勝てば，自民党
　　　――フランチャイズ政党における候補者公認基準――
　　　　　　　　　　　　　スティーブン　R. リード
1．はじめに ……………………………………………………41
2．自民党はどういう政党か？ ………………………………42
3．中選挙区制時代の自民党公認基準 ………………………44
4．参院比例区における名簿作成 ……………………………47
5．並立制におけるフランチャイズ政党 ……………………50
6．選挙制度と党組織 …………………………………………54

第3章　動員されたボランティアとしての選挙運動
　　　　　　　　　　　　　　　　　　　　高橋　尚子
1．はじめに ……………………………………………………57
2．動員としての選挙運動の手伝い …………………………58
3．援助行動（特にボランティア）としての選挙運動の手伝い　65
4．援助要請と援助授与の構造 ………………………………68

5．どのようなときに選挙運動を手伝うのか …………………72
　　6．ま　と　め ……………………………………………………76

第4章　住民投票の研究
　　――賛否の行動をめぐる自治体間比較――
　　　　　　　　　　　　　　　　　　　　　　塩沢　健一
　　1．はじめに ………………………………………………………81
　　2．政治意識と投票行動 …………………………………………83
　　3．住民投票に関する情報の取得と投票行動 …………………88
　　4．「複数自治体での同日実施」と賛否の行動…………………99
　　5．終わりに………………………………………………………111

第5章　投票率の基礎データと分析
　　――＜結果調データ＞の検討を中心として――
　　　　　　　　　　　　　　　　　　　　　　宮野　　勝
　　1．はじめに………………………………………………………117
　　2．日本の世代・年代・時代別投票率を推定するための
　　　　基礎データ…………………………………………………117
　　3．日本における近年の投票率低下とその原因………………124
　　4．米国投票率データの概観と日本との比較…………………135
　　5．結　　論………………………………………………………137

第 1 章
「寛容」の問題としての外国人参政権への態度

安 野 智 子

1．問題の背景

⑴　日本における外国人人口の推移

　日本在住の外国人の人数は，過去20年間増加傾向にある（図 1-1)[1]。法務省統計によると，2007（平成19）年末における外国人登録者数は2,152,973人（特別永住者は430,229人，一般永住者が430,229人，非永住者が1,282,987人）であり，日本総人口の1.69％となっている（法務省入国管理局広報資料，http://www.moj.go.jp/PRESS/080601-1.pdf）。

　このうち出身国として最も多いのが中国（全体の28.2％）であり，それに次ぐのが韓国・朝鮮（27.6％），ブラジル（14.9％）である（図 1-2 ）。日本国内の外国人は，かつては特別永住者の韓国・朝鮮出身者が半数以上を占めていたが，特別永住者の人口は減少傾向にあり，1996年には約55万人（554,032人）だったものが2007年末には約43万人（430,229人）となった（図 1-3 ）。これに代わって増えているのが中国出身者であり，2007年には日本国内に居住する外国人で最も多いのが中国人となっている。

図 1-1 ：外国人登録者数と日本の人口に占める割合の推移（1975-2007年）

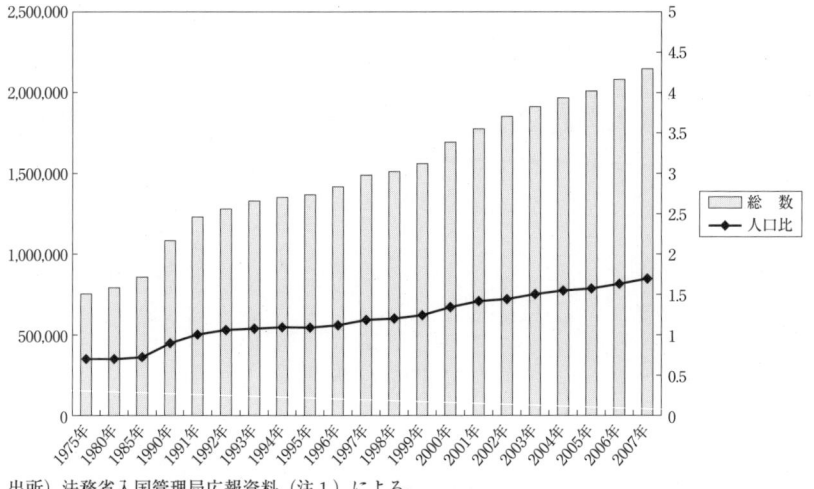

出所）法務省入国管理局広報資料（注1）による。

図 1-2 ：外国人登録者・出身国別比率の推移（1991-2007年）

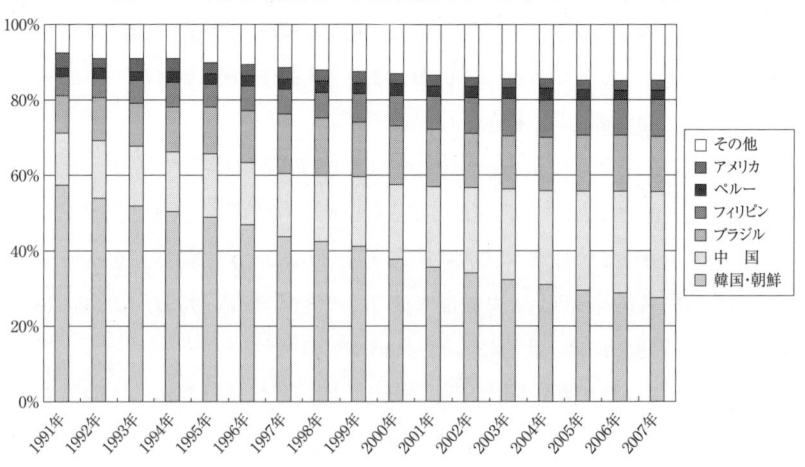

出所）法務省統計（注1）による。

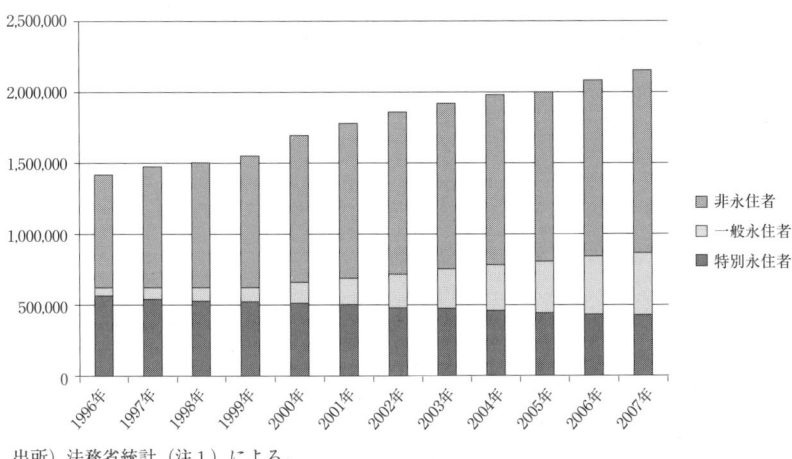

図 1-3：外国人登録者数とその中に占める永住者数の推移（1996-2007年）

出所）法務省統計（注1）による。

(2) 永住外国人への参政権付与をめぐる問題

　このように近年，日本の永住者人口は全体としては増加傾向にあり，とくに一般永住者数が増加している。しかし，日本政府は戦後，外国人の受け入れには消極的な姿勢を示してきたため，かつて日本国内の「外国人」といえば，朝鮮半島出身の「特別永住者」（いわゆる「在日韓国・朝鮮人」）が多くを占めていた。彼らは日本語を話し（日本生まれの二世は日本語しか話せない者も多い），日本で学び，働き，日本人とほとんど変わらない生活を送っているにもかかわらず，日本国籍を持たない外国人である。日本では，日本国籍を持つ者にしか選挙権が認められないので，彼らは選挙権を持たない。

　ときに数世代にわたって地域住民として暮らしながら，また納税の義務を果たしながら，選挙権が認められていない現状の是非については，かねてから議論の的となってきた。外国人参政権とひとくちにいっても，永住外国人には国政選挙まで選挙権を認める例（ニュージーランドなど）や，地方参政権については，対象を圏内諸国に限定して被選挙権まで認める例（一部EU諸国など），あるいは選挙権のみ認める例など，そこにはさまざまな水準がある。日本国内で

現在，議論されているのは「永住外国人の地方参政権」を認めるかどうかである。外国人参政権の導入に比較的積極的な公明党や民主党などが法案を提出する一方で，自民党は比較的消極的である。地方議会はその多くが賛成の決議を出しているが，香川県議会（2000年10月）のように反対決議を出したところもある。

外国人の地方参政権を認めるかどうかについては，「禁止説」「要請説」「許容説」など，憲法上の解釈に関して専門家の間でも意見が分かれているように（長尾，2001），簡単に結論を出せる問題ではない[2]。帰化の手続きが以前より簡単になったこともあり，「外国人のまま参政権を認めるのではなく，永住者には帰化を促すべきだ」という意見もある。しかし，永住外国人の中には，母国への誇りや母国の国籍を失うことへの懸念から，帰化を望まない人も存在する。日本の場合は，帰化にあたって日本名を強制されることも心理的なハードルとなっている。

近年では，高齢化・少子化による日本の人口減少から，外国人労働者の受け入れに期待する声も一部で高まっているが，一方で，ヨーロッパ諸国のように移民問題が深刻化しているところもある。たとえば，2000年前後のWorld Value Surveyでは，「移民は国にとって良くない」という回答が，イギリスでもフランスでもドイツでも，半数あるいはそれ以上となっている（Dalton, 2006）。多元主義政策も同化主義政策（フランス「共和国主義」）も問題を抱えている中で（宮島・梶田編，2002），日本が今後どのような方針をとるべきかについては慎重な議論が必要なことはいうまでもない。ただし，現実問題として外国人人口は増加傾向にあり，特に受け入れ促進の政策をとらなくとも人口の2％を超える日は近いであろう。「外国人の定住」をめぐる課題の一つとして，永住外国人の地方参政権はすでに重要な争点となっており，今後はさらに，選挙時の争点として顕在化してくる可能性がある。

本章では，有権者に対する社会調査データを用いて，外国人参政権への態度の規定要因を検討する。本章の目的は，外国人参政権の是非を論じることにあるのではなく，あくまでも有権者の側の意識に焦点をあてることにある。

(3) 移民への態度

1）人種的偏見の理論

　外国人参政権への意見は，外国人の定住化・移民化に対する態度の一つと考えられる。移民への態度は，一般にはネガティブなものであることが多いが，このような否定的感情に対する説明理論として古典的なものが集団コンフリクト理論（group conflict theory, Blumer, 1958）である。これは在来住民が移民によって労働市場などの資源が奪われたり，犯罪，教育，課税などが悪化したりすることを恐れ，その結果，移民への評価がネガティブになるというものである。経済状況が悪いときに，特に移民への感情が悪化することは実際に報告されている（e.g., Lapinski, Peltola, Shaw & Yang, 1997; Olzak, 1992）。中でも，移民集団の規模が大きいほど，その脅威は強くなると考えられる。Quillian (1995) はヨーロッパ諸国について，移民集団の規模（人口）が大きく，経済状況が悪いほど，その国における移民への偏見が強くなることを見出した。ただし，個人の経済状態よりも，国の経済状態の認知や当該集団への感情のほうが移民への否定的感情に影響しているという指摘もある（Citrin, Green, Muste & Wong, 1997）。

　経済的資源をめぐる競争という観点から集団観の対立を説明する集団コンフリクト理論に対し，「文化的背景や価値観を共有しない」と「認知された」集団に対する差別的な感情に焦点をあてたものが「シンボリックなレイシズム」仮説（symbolic racism: Henry & Sears, 2002; Sears & Kinder, 1971; Kinder & Sears, 1981）である。アメリカにおいて，かつての（有色人種に対する）人種差別とは，「有色人種は白人に比べて能力的に劣っている」という信念に基づくものであった。しかし公民権運動の時代を経て，「能力的に劣っている」という信念の誤りが明らかになった後も，人種的偏見は根強く残り続けた。「能力的に劣っている」という信念はもはや共感を得ないが，今度は「（白人による）アメリカ文化の古き良き伝統を共有していない」という反感として，また，かつてのようなあからさまな差別ではなく，潜在的な差別として存在し続けてい

るというのである。移民への偏見を考えた場合，これら二つの理論は，対立仮説と言うよりも相互補完的に作用していると考えられる (Burns & Gimpel, 2000)。移民は当初，言語的問題などから単純労働に従事することが多いが，時間の経過とともに一部の移民は経済的に成功し，地域に溶け込んで在来住民と変わりない生活をしていても，「文化を共有しない」と思われたり，あるいはそれが脅威と感じられたりすることによって，偏見が持続すると考えられる (Paxton & Mugham, 1996)。

2) 偏見を抑制する要因

では，このような偏見はどのような条件で緩和されるのだろうか。

第一にあげられるのが，教育（学歴）の効果である (e.g., Bobo & Locari, 1989 ; Condran, 1979 ; Jackman, 1978)。学校教育に，民主主義的価値観へのコミットメントや政治的寛容性を高める効果がある可能性があるが，学歴の高い人は単にネガティブな偏見を表出しなくなるだけだという指摘もある (Jackman & Muha, 1984)。日本においては，Nukaga (2005) が学歴との関係を報告しているが，その効果は主に「学歴の高い人ほど外国人と接触しやすくなる」ためであると結論づけられている。この知見は次の接触仮説に一致するものである。

第二に，当該集団の成員との共同作業やコミュニケーションがあげられる（接触仮説）(contact hypothesis : Allport, 1954)。McLaren (2003) は，移民への偏見について，脅威の認知を統制してもなお，外国人との親しい個人的接触が移民への偏見を弱めることを報告している (McLaren, 2003)。同様に日本でも，外国人への接触経験が多いほど，排外意識が抑制されることが報告されている（永吉，2008 ; Nukaga, 2005 ; 大槻，2006 ; 田辺，2001）。ただし，接触仮説が成立する条件として，①社会制度的な支持，②対等な地位，③共通目標に向けての共同作業，④お互いを知り合う機会があること，が指摘されており，これらが満たされない場合には，外国人との接触が偏見を強化する恐れもある。日本でも，個人的接触を統制すると，外国人人口の多い地域ほど外国人への感情がネガティブになるという知見がある（永吉，2008 ; Nukaga, 2005）。大槻

(2006) は，たとえ挨拶を交わす程度の接触でも，外国人の受け入れにポジティブな影響があることを指摘しているが，いずれにしても相手を個人として認識する機会が必要と考えられる。

3) 外集団としての移民・外国人

　移民への態度を，多数派による少数派への態度という観点から心理学的に考察することもできる。多数派に属する者にとって，少数派集団へのネガティブなステレオタイプは次のような点と関係していると考えられる。まず，内集団（自らの属する集団）の肯定的な特徴を強調することによる自己高揚である。タジフェルらの「社会的アイデンティティ理論 (social identity theory, Tajfel & Turner, 1979)」によれば，たとえあまり意味のない基準であっても，内集団と外集団に分けられることでその差異が強調され，「内集団ひいき」が生じる。また，外集団へのネガティブなステレオタイプによって脅威を感じると，内集団の同一視が強まり，内集団と外集団の差異がさらに強調される可能性がある (Depret & Fiske, 1999)。

　社会的アイデンティティ理論に関連して，もう一つ興味深い点は，人間にはしばしば，外集団の構成員を（内集団よりも）均質なものと見なしがちな認知的バイアスがあるということである (Out-group homogeneity effect; Ostrom & Sedikides, 1992, for a review)。インターネット上で，外国人参政権に反対する立場のサイトを見ると，このバイアスが見られることがある。たとえば，「外国人に参政権を与えると，特定の国や民族団体に国政が左右されてしまう」「日本が外国人に乗っ取られる」というような言説がそのような例である。図1-2 に見るように，実際には日本在住の外国人といっても，その国籍は多様である。永住外国人に限れば，たとえば特別永住者（韓国・朝鮮出身者が大部分を占める）の比率は減少しており，一般永住者の出身国では，中国が最も多く，次いでブラジル，フィリピン，韓国・朝鮮となっている（2004年末現在：法務省入国管理局報告書による）。今後も中国・韓国を中心とする近隣諸国出身者が日本永住の外国人の多くを占めることにはなるであろうが，このような実質的な

多様性が問われることは現状ではあまりなく,「外国人の脅威」はひとくくりに論じられることが多いといえよう。

4) イデオロギーとの関連

そのほか,特に関連が強いと考えられるのは,女性,障がい者,高齢者などの「社会的マイノリティ」に対する態度である。日本では,蒲島・竹中(1996)が,「外国人の選挙権」への態度を「平等」志向の価値観と指摘している。蒲島・竹中によれば,「平等」は,「福祉」「参加」とともに,1970年代以降のイデオロギー対立軸を構成するものである。日本人のイデオロギーは,1960年代には旧体制・日米安保への態度が対立軸となっていたが,70年代以降はこれに加えて「福祉・参加・平等」の対立軸が形成されたという。彼らはまた,80年代以降は保革のイデオロギーが「溶解」し,投票行動への拘束力は今後弱まっていくとも指摘している。

1983年のJES(日本人の選挙行動研究会,代表:綿貫譲治,三宅一郎,猪口孝,蒲島郁夫)調査データでは,「外国人の選挙権」に関してはイデオロギーとの関連は弱いながらも存在し,自らの政治的態度が革新的であると考える人ほど賛成する傾向が見られる(蒲島・竹中,1996, p.248)。イデオロギーとの関連が弱かった理由の一つには,この時点で全体として賛成者が多い争点となっていたことがあげられる。

(4) 政治的寛容性の問題としての外国人参政権

外国人参政権への態度は,「異なる文化的背景を持つ人々を,自らが所属する国民として(すなわち内集団として)認めるかどうかということに関わっており,政治的寛容性の文脈から論じることもできる。「寛容性(tolerance)」あるいは「寛容(toleration)」の概念は複雑なものであり,その定義については多くの議論があるが(例としてMendus, 1989; Walzer, 1997; Weissberg, 1998),基本的には「自分とは反対の,あるいは受け入れがたい意見に"耐える(put up with)"こと」とされる(Sullivan, Pierson, & Marcus, 1982; Weissberg,

1998)。「他人に干渉しない」という寛容性の原則は西欧社会における長い宗教戦争の歴史の中で確立され，言論の自由などの自由主義的価値観と結びついて，民主主義的理念の重要な一要素となっている。

政治的寛容性に関する実証研究の嚆矢となったストウファ（Stouffer, 1955／1992）の研究では，社会主義者，無神論者，共産主義者など，1950年代当時のアメリカ社会で否定的に受け取られていた集団に対して発言の機会を認めるかどうかという質問で寛容性（不寛容）を測定し，年齢が若いほど，教育年数が多いほど，宗教的でないほど，また女性より男性のほうが，政治的寛容性が高いという知見が得られている。また，対象集団によってもたらされる脅威を認知している回答者ほど，その集団に対する寛容性が低かった。政治的寛容性を異なる方法で測定したサリヴァンらの研究でも同様の知見が得られており，さらに社会的地位や一般的信頼感が高いほど，また教条主義傾向が低いほど，政治的寛容性が高いことが報告されている（Sullivan et al., 1982）。

その後の研究結果も含めると，政治的寛容性の規定要因としては次のようなものがあるといえるだろう（Sullivan & Transue, 1999, for a review）。

① 言論の自由など一般的な民主主義的価値観へのコミットメント（e.g., Gibson & Bingham, 1982 ; Sullivan et al., 1982）

② 悲観性や不安，経験に対する閉鎖性などの性格特性（Marcus, Sullivan, Theise-Morse & Wood, 1995）。また，寛容性の高い人はあらかじめ保持していた態度に反するメッセージや説得的メッセージを（寛容性の低い人に比べて）受け入れやすいこと（Gibson 1998 ; Peffley, Knigge, Hurwitz, 2001）も報告されており，寛容性の高い人はある種の柔軟さを持ち合わせている可能性がある。

③ 対象集団への脅威の認知：アラブ諸国との対立が深まるにつれてイスラエル人の政治的寛容性が低くなったという報告がある（Shamir & Sagiv-Schifter, 2006）。脅威の認知をもたらすものとしては，恐怖や（Skitka, Bauman & Mullen, 2004），メディア報道（Nelson, Clawson & Oxley, 1997）などがあげられる。

④ 信頼と社会関係資本などの政治文化：中間集団への参加などがもたらす信頼と互酬性規範が，民主主義的価値観を醸成するという議論（Putnam, 1995, 2000）によるものであり，実際に集団参加が政治的寛容性を高めるという知見がある（Cigler & Joslyn, 2002）。

⑤ 生活満足：経済的に満たされて，物質的資源を争うことがなくなると，人々は平等主義や政治参加重視，あるいは環境重視などの脱物質主義的価値観（postmaterialism）に移行するというものである（Inglehart 1990, 1997）。

⑥ 政治的洗練度：教育程度が高いほど，認知的洗練度が増し，政治的寛容性が高くなる（Bobo & Licari, 1989）。

⑦ 政治的コミュニケーション：政治的話題に関する日常の会話で異なる意見に触れることによって，政治的な寛容性が増大する（Mutz, 2002）。

(5) 「争点知識」および「移民の脅威」としての「外国人犯罪率の認知」

これまで見てきたように，外国人への排斥感情に関する先行研究では，脅威の認知や接触経験（の少なさ）などがその要因として報告されてきた。ただし，その多くが，すべてのサンプルに対して一つの線形モデルをあてはめる分析を行っている。アグリゲートな説明モデルとしては意味があるが，世論研究では，一般的な政治的洗練度や当該争点への知識によって，争点態度のロジックが異なることが知られており（e.g,. Sniderman, Brody, & Tetlock, 1991 ; 安野, 2006 ; Zaller, 1992），外国人参政権の争点態度についても，争点態度の知識によって，その意見のロジックが異なる可能性がある。

たとえば，政治的知識のある，すなわち政治的洗練度の高い人は，イデオロギー的思考をするために，ある争点に対する態度を，他の争点と関連づけて判断するであろう（Converse, 1964）。これに対して，知識のない，すなわち政治的洗練度の低い人は，好悪の感情などをヒューリスティックとして用いて判断する可能性がある（Sniderman et al., 1991）。

そこで本研究では，外国人参政権に関連する知識によってサンプルを分け，外国人参政権への態度の規定要因を検討する。「知識」の指標として用いるのは，外国人による犯罪率の推定値である。JES 3 では，「日本国内で起こるすべての犯罪のうち，何パーセントくらいが外国人によるものだと思いますか」（JES 3 第 9 波 Q35）という設問で，日本国内における外国人による犯罪の比率を尋ねている。この設問を用い，外国人の犯罪率を現実に比して過大に見積もっているかどうかで，日本における外国人の問題に関する知識の指標とするわけである。

　なお，外国人による犯罪の比率の認知は，「知識」というだけではなく「脅威の認知」という側面も強いが，これを高く見積もる人は，外国人の脅威を過大推測しているともいえるだろう。移民労働者の多い国では，移民の脅威というと労働市場への参入と結びつけられることも多いが，日本では，規制もあって移民による労働問題はまだ深刻化していない。（正規入国の）外国人労働者の職種は限定されており，日本人労働者とは「住み分け」されているのが現状である。したがって，多くの日本人にとって，想定しうる「外国人の脅威」は，海外の諸研究で報告されてきたような「労働資源の競争」というよりも「治安の悪化」の可能性のほうが高いと考えられる。

　外国人のような，社会的に目立つマイノリティと，犯罪のようなネガティブな事象は，実際にしばしば結びつけられやすい。社会的認知研究では，現実には相関関係にない事象の間に共変性を誤認知する「錯誤相関（illusory correlation）」という現象が知られている。ハミルトンら（Hamilton & Gifford, 1976）は，頻度の少ないネガティブな事象が少数派集団と結びつけられやすいことを指摘した。具体的な例として，たとえば「外国人による犯罪の件数は過大推測されやすい」というものがある。これは「外国人」という頻度の少ない事象と，「犯罪」というネガティブな事象が，ともに認知的顕現性が高いために検索過程で結びつけられやすいことで説明され，トヴァスキーら（Tversky & Kahneman, 1973）の「利用可能性ヒューリスティック（availability heuristic）」が，ステレオタイプの形成に影響していることを示している。

1）外国人犯罪の現状

外国人犯罪件数の認知の錯誤を検討するにあたって，現実の外国人犯罪の現状を見ておこう。

平成18年版『犯罪白書』によれば，2005年における刑法犯の認知件数は3,125,216件，このうち一般刑法犯の認知件数が2,269,572件であった。また検挙件数では，2005年における刑法犯の検挙件数が1,505,426件（1,278,479人），

図 1-4 ：一般刑法犯の認知件数および検挙件数と，外国人による一般刑法犯の検挙件数（1980-2005年）

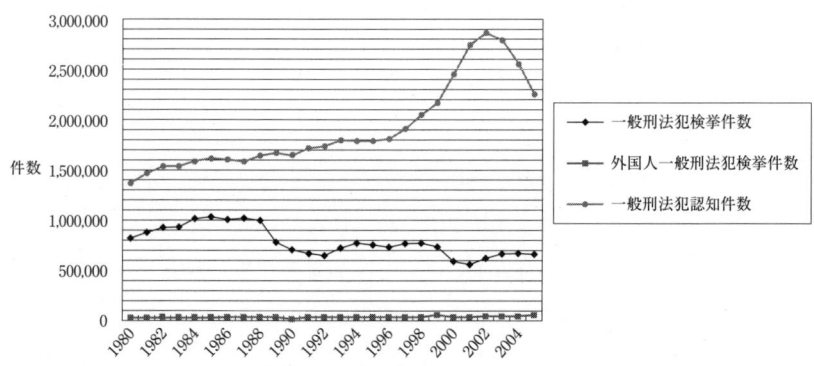

出所）法務省法務総合研究所『平成18年版　犯罪白書』より作成。

図 1-5 ：来日外国人およびその他の外国人による一般刑法犯検挙件数と，検挙件数における外国人犯罪比率の推移（1980-2005年）

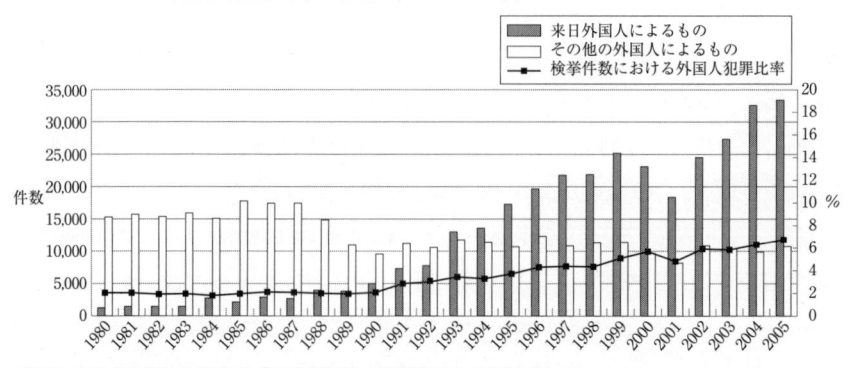

出所）法務省法務総合研究所『平成18年版　犯罪白書』より作成。

うち一般刑法犯の検挙件数は649,782件（387,234人）であった。このうち，外国人による一般刑法犯の検挙件数は43,622件（14,786人）であった。

　一般にいわゆる「犯罪」として認識されるのは，一般刑法犯（刑法犯のうち，故意ではなく過失犯と見なされる交通関係業過を除いたもの）であろう。この一般刑法犯の認知件数および検挙件数と，外国人犯罪の検挙件数の推移を示したものが図1-4である。また，外国人犯罪のうち，来日外国人とそれ以外の外国人（日本に定住している外国人など）による犯罪の検挙件数と，日本国内における一般刑法犯検挙件数に占める外国人犯罪の割合を示したものが図1-5である（数値は平成18年版『犯罪白書』による）。

　図1-4に示されるとおり，過去25年間で，全体として日本の犯罪件数は増加しており，検挙率は低下している。外国人による犯罪も増加しており，一般刑法犯検挙件数のうち外国人による犯罪が占める割合は，過去25年間で1％台から6％台にまで上昇した。ただし，増加しているのは主に短期滞在の来日外国人による犯罪であり，定住者による犯罪はむしろ減少傾向にある。

　ただし，この数字をそのまま，「外国人による『真の』犯罪率」と見なすことには問題がある。認知件数と発生件数は必ずしも一致しないので，「正確な件数」を問うことは難しく，また検挙されない犯罪も多いからである。そこで本研究では，外国人の犯罪率を「相対的に」高く見積もっている群と低く見積もっている群に分け，外国人参政権への態度に対するそのロジックを比較する。認知件数が正確に発生件数を反映していないとしても，現状の外国人人口を考えれば，外国人犯罪が数十％を超えるということは現実的には考えにくいであろう。

(6) 本研究の仮説

　本研究の基本的な分析アプローチは，「外国人参政権への態度を規定する要因は，外国人による犯罪率を高く見積もる人と低く見積もる人で異なる」というものである。ここで「外国人による犯罪率の認知」は，当該争点に関する知識と，当該集団（外国人）への脅威の認知の二つの側面を持っている。中心的

な仮説は以下のとおりである。

① 外国人の犯罪率を相対的に低く（比較的正確に）見積もっている人は，外国人参政権の問題を，他の争点との関連，特に平等志向の価値観，あるいは外交への態度との関連で判断するのではないだろうか。これは，政治的に洗練されている人ほどイデオロギー思考をする（Converse, 1964）との議論に基づく仮説である。現代ではイデオロギーの拘束力は弱まっているという指摘もあるが，政治的洗練度の高い人では，なおイデオロギー的思考が有意である可能性がある。

② 外国人の犯罪率を相対的に高く見積もっている（過大推測している）人は，相対的に低く（比較的正しく）推測している人に比べ，外国人に脅威を感じており，かつ外国人問題に対する知識も相対的に低いと考えられる。このような人の場合，外国人の参政権に対する態度は，他の争点とのイデオロギー的な関連よりも，認知的により利用しやすい情報を用いたヒューリスティックによって判断されるであろう。ヒューリスティックとして用いられるものにはさまざまなものがあるが，本研究では，外国人へのネガティブな感情として比較的想定しやすいと考えられる「自己利害への脅威」がヒューリスティックとして用いられる可能性を検討する。すなわち，外国人の犯罪に関する知識が相対的に少ない場合，外国人参政権の問題は，「自らの権利を奪うものかどうか」というところで判断されるのではないだろうか。具体的には，日本経済の状況の認知および政治的有効性感覚（無力感）が，外国人参政権への態度と関連しているという仮説である。

なお，本研究の目的はあくまでも「有権者のロジックの違い」を明らかにすることであり，その認知の正確さそのものや外国人参政権の是非を問うものではないことは，あらためて述べておきたい。

2．データの概要と分析枠組み

(1) データの概要

本研究で用いるデータは，文部科学省科学研究費特別推進研究（平成13‐17年度）「21世紀初頭の投票行動の全国的・時系列的調査研究（JES 3）」（研究代表者：東京大学大学院人文社会系研究科　池田謙一）によるものである。この調査は2001年から2005年にわたって，全国の有権者を対象に計9回行われたパネル調査であり，本研究ではそのうち第8波（2005年9月1‐10日実施）と第9波（2005年9月15‐26日実施）のデータを使用した[3]。

1) 標本抽出法

第1波（2001年）については，全国市町村の住民基本台帳もしくは選挙人名簿から都道府県と都市規模により層化したうえで3,000人を無作為抽出した。パネル調査であるため，その後随時新規サンプルを補充して規模を維持した。各波の調査の対象者数・回収状況は章末注を参照されたい[4]。

2) 第8波・第9波について

第8波および第9波は，小泉首相（当時）が「郵政解散」を行った2005年の衆院選前後に実施された訪問式面接調査である。第8波の調査対象者は2,134名，有効回答数は1,504（回収率70.5%），第9波の調査対象者は1,735名，有効回答数は1,498（回収率86.3%）であった。

本章では基本的に，第8波と第9波両方の調査で回答が得られた回答者のデータ（N＝1416）を分析対象とする。

(2) 外国人による犯罪率の認知

「日本国内で起こるすべての犯罪のうち，何パーセントくらいが外国人によ

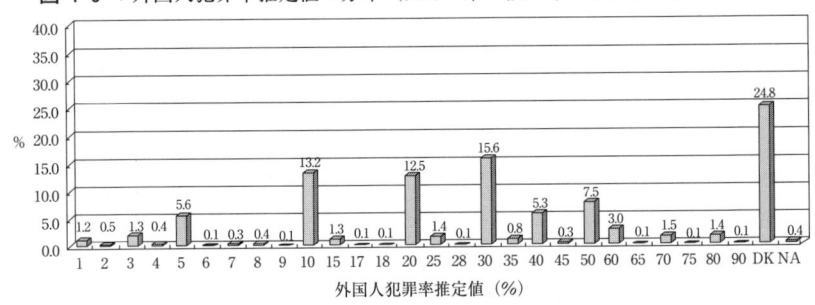

図 1-6：外国人犯罪率推定値の分布（JES 3 第 8 波 + 第 9 波回答者，N = 1416）

推定値(%)	割合(%)
1	1.2
2	0.5
3	1.3
4	0.4
5	5.6
6	0.1
7	0.3
8	0.1
9	0.1
10	13.2
15	1.3
17	0.1
18	0.1
20	12.5
25	1.4
28	0.1
30	15.6
35	0.8
40	5.3
45	0.3
50	7.5
60	3.0
65	0.1
70	1.5
75	0.1
80	1.4
90	0.1
DK	24.8
NA	0.4

外国人犯罪率推定値（%）

るものだと思いますか」（JES 3 第 9 波 Q35）に対する回答の分布は図 1-6 に示すとおりである。「わからない」という回答も約25％に達しているが，現実の外国人犯罪率が（検挙された一般刑法犯に関しては）約 6 ～ 7 ％であることを考えると，回答者の推測値は正の方向に大きく歪んでいるといえる（M = 26.6, SD = 18.55, med = 20.0）。当然ながら，すでに述べたように，認知件数，検挙件数と正確な犯罪件数は必ずしも一致しないので，どこからが「錯誤相関」に相当するかを判断するのは難しい。この設問では，来日外国人による犯罪と定住外国人による犯罪を区別していないという問題もある。しかし，外国人人口が約 2 ％にすぎないことを考えると，多めに見積もって「21％」以上という回答を，錯誤相関と見なせる蓋然性は高いであろう[5]。

したがって本研究では，外国人による犯罪の比率の推定に基づき，回答者を「20％以下」「21％以上」の 2 群に分けて分析を行うこととする。

1）外国人犯罪率の推定値による回答者のプロフィール

以上の基準に基づき，回答者を 3 群に分類し，その基本的な社会的属性を示したものが表 1-1 である。「外国人による犯罪比率」として，「20％以下」と見積もった回答者は，相対的に若く，男性が多く，また大学卒上の学歴の人が多い（年齢との相関もあると思われる）ことがあげられる。ただし，階層帰属意識[6]については顕著な差は見られなかった。表 1-1 では外国人犯罪比率についての「わからない」「無回答」（表中では，それぞれを「DK」「NA」とし，両者

表 1-1：回答者の社会的属性

	平均年齢	男性比率	大学・大学院卒	階層帰属意識 （上＋中の上）	N
DK/NA	58.7	44.1%	10.5%	18.3%	356
20%以下	53.1	55.1%	27.6%	23.3%	533
20%以上	57.3	46.1%	11.5%	26.2%	527
全体	56.0	49%	17.3%	23.1%	1416

表 1-2：居住都道府県の外国人人口比率と外国人犯罪比率の認知

外国人による 犯罪比率		外国人人口 1％未満	外国人人口 1〜2％	外国人人口 2％以上	合　計
DK/NA	N	202	88	66	356
	%	56.7	24.7	18.5	100
20%以下	N	197	153	183	533
	%	37.0	28.7	34.3	100
21%以上	N	158	169	200	527
	%	30.0	32.1	38.0	100
合　計	N	557	410	449	1416
	%	39.3	29.0	31.7	100

$\chi^2=71.0$, df=4, p<.001

をまとめて「DK/NA」と表記する）の群で階層帰属意識の「上または中の上」が相対的に少なくなっているが，このグループは階層帰属意識についても「わからない・無回答」が多かった（17.4%）ことによるものである。階層帰属意識の「わからない」「無回答」を除いてχ^2検定をすると（犯罪率認知3群 X 階層帰属意識5段階），3群で分布の偏りに統計的に有意な差はなかった（$\chi^2=6.76$, df=8, n.s.）。

なお，外国人による犯罪の比率の認知（すなわち脅威の認知）は，その生活圏においてどれほど外国人が存在するかによっても左右されると考えられる。先行研究では個人的接触を統制すると，外国人人口の多い地域ほど外国人への感情がネガティブになるという知見がある（永吉，2008；Nukaga, 2005）。そこで

本研究でも，居住都道府県の外国人人口比率との関連を検討することとした。居住都道府県の外国人人口比率は，永吉（2008）に基づき，法務省入国管理局（2004）の外国人登録者数を，総務省統計局（2005）による国勢調査の都道府県別総人口で割ったものを用いた[7]。

外国人犯罪比率の認知のグループごとに居住都道府県の外国人人口比率を見たものが表 1-2 である。外国人人口 1％未満の都道府県に居住している人では，外国人犯罪の比率について「わからない」「無回答」と答える人が多い一方，外国人人口が 2％以上の都道府県に居住している人では，外国人犯罪の比率を高く見積もっている人が相対的に多いということがわかる。

(3) 外国人と移民への意見

外国人と移民に関する四つの質問に対する回答の分布は表 1-3 に示すとおりである。

まず，外国人の参政権については肯定的な意見が相対的に多いが，反対意見も 2 割ほど存在する[8]。その他の質問を見てみると，移民が増えることについては「現状維持」あるいは否定的な意見が多いが，「働き手の足りない分野で

表 1-3：外国人と移民への意見

	賛成	どちらかといえば賛成	どちらともいえない	どちらかといえば反対	反対	DK	NA
Q 31(3) 外国からの移民の数は増えた方がよい	66 (4.7%)	98 (6.9%)	640 (45.2%)	255 (18.0%)	268 (18.9%)	86 (6.1%)	3 (0.2%)
Q 32(1) 日本に住んでいる外国人が，日本人と同じ福祉や医療を受けること	467 (33.0%)	464 (32.8%)	270 (19.1%)	87 (6.1%)	68 (4.8%)	58 (4.1%)	2 (0.1%)
Q 32(2) 日本に定住している外国人に，参政権を与えること	319 (22.5%)	402 (28.4%)	300 (21.2%)	148 (10.5%)	161 (11.4%)	84 (5.9%)	2 (0.1%)
Q 32(3) 働き手の足りない分野に，外国から単純労働者の受け入れを認めること	239 (16.9%)	417 (29.4%)	372 (26.3%)	185 (13.1%)	129 (9.1%)	73 (5.2%)	1 (0.1%)

注）Q 31(3) の選択肢は「増えたほうがよい」「やや増えたほうがよい」「どちらともいえない」「やや減ったほうがよい」「減ったほうがよい」として提示された。

表 1-4：外国人犯罪比率の認知と定住外国人参政権への意見

		賛成	どちらかといえば賛成	どちらともいえない	どちらかといえば反対	反対	DK	NA	合計
DK/NA	N	69	82	97	34	29	45	0	356
	%	19.4	23.0	27.2	9.6	8.1	12.6	0	100
20%以下	N	142	179	95	60	41	15	1	533
	%	26.6	33.6	17.8	11.3	7.7	2.8	0.2	100
21%以上	N	108	141	108	54	91	24	1	527
	%	20.5	26.8	20.5	10.2	17.3	4.6	0.2	100
合計	N	319	402	300	148	161	84	2	1416
	%	22.5	28.4	21.2	10.5	11.4	5.9	0.1	100

の単純労働者の受け入れ」は肯定的な意見が多くなっている。単純労働者の受け入れを認めるとおそらくは移民が増えることになるが，この矛盾の一部は質問の尋ね方にも影響されているだろう。

外国人参政権への賛否を，外国人犯罪の比率の認知ごとに比較したのが表 1-4 である。外国人の犯罪を高く見積もる群（21%以上）は，外国人参政権についてより否定的である。外国人犯罪の比率について「わからない」「無回答」であった回答者は，外国人参政権についても「わからない」「無回答」が多くなっている。なお，「わからない」「無回答」を除いて χ^2 検定を行ったところ，分布には統計的に有意な偏りが見られた（$\chi^2=49.08$, $df=8$, $p<.001$）。

(4) 外国人参政権への意見：分析モデル

仮説（「1-(6)本研究の仮説」参照）を検証するにあたって，本研究では，外国人参政権への意見を従属変数とする順序ロジット分析を行う。その独立変数は以下のとおりである。なお，外集団への偏見を抑制する要因として重要な接触仮説を直接検証できる変数は，調査票の中に含まれていないので，本研究ではとりあげていない。

デモグラフィック変数：①年齢，②性別（1：男性，2：女性），③最終卒業学

校（1．新中学・旧小・旧高小，2：新高校・旧中学，3：高専・短大・専修学校，4：大学・大学院），④居住都道府県の外国人人口比率（1：1％以下，2：1～2％，3：2％以上），⑤階層帰属意識（1：上，2：中の上，3：中の下，4：下の上，5：下の下）。なお，最終卒業学校と階層帰属意識については，経済状況の認知に関する仮説に対応している。すなわち，最終卒業学校や階層帰属意識が高い人のほうが，移民・外国人による脅威を感じにくいと予測される。

新聞接触（第8波）：次の新聞のうち，ふだん政治情報の情報源となっているとして言及があったものを単純加算した。① 読売新聞，② 朝日新聞，③ 毎日新聞，④ 産経新聞，⑤ 日本経済新聞，⑥ 東京新聞，⑦ 北海道新聞，⑧ 河北新報，⑨ 中日新聞，⑩ 神戸新聞，⑪ 中国新聞，⑫ 西日本新聞，⑬ その他の新聞。新聞接触と次のテレビニュース接触は，政治や社会に対する関心の指標の一つとして投入した。

テレビ番組接触（第8波）：次のニュース番組のうち，ふだん政治の情報を見聞きしていると言及があったものの数を単純加算した。① NHKのニュース番組，② 小栗泉の「今日の出来事」（日本テレビ系），③ 笛吹雅子・近野宏明の「Newsプラス1」（日本テレビ系），④ 筑紫哲也・草野満代の「ニュース23」（TBS系），⑤ 三雲孝江・池田裕行の「イブニング・ファイブ」（TBS系），⑥ 松本方哉・滝川クリステルの「ニュースJAPAN」（フジテレビ系），⑦ 安藤優子・木村太郎の「スーパーニュース」（フジテレビ系），⑧ 古舘伊知郎の「報道ステーション」（テレビ朝日系），⑨ 小宮悦子の「スーパーJチャンネル」（テレビ朝日系），⑩ 小谷真生子の「ワールドビジネスサテライト」（テレビ東京系），⑪ 辛坊治郎の「ウェークアップ！ぷらす」（日本テレビ系），⑫ 徳光和夫の「ザ・サンデー」（日本テレビ系），⑬ 関口宏の「サンデーモーニング」（TBS系），⑭ 田丸美寿々の「報道特集」（TBS系），⑮ 黒岩祐治の「報道2001」（フジテレビ系），⑯ 田原総一朗の「サンデープロジェクト」（テレビ朝日系），⑰ 福留功男・久保純子の「ブロードキャスター」（TBS系）。

景気・暮らし向き状態認知（第9波）：次の5項目に対して因子分析（主因子法，プロマックス回転）を行った。

① 今の日本の景気はどんな状態だと思いますか。（1．かなり良い～5．かなり悪い）
② 今の景気は1年前と比べるとどうでしょうか（1．かなり良くなった～5．かなり悪くなった）
③ では，これから日本の景気はどうなっていくと思いますか（1．かなり良くなる～かなり悪くなる）
④ 現在のお宅の暮らし向きを1年前と比べてみるとどうでしょうか（1．かなり良くなった～5．かなり悪くなった）
⑤ では，これからお宅の暮らし向きはどうなると思いますか（1．かなり良くなる～5．かなり悪くなる）

すべての項目は，得点が高いほど「良い」になるように逆転した（以下，すべての因子分析について同様の変数変換を行った）。なお，サンプルの減少を防ぐため，ここでは「わからない」「無回答」を中間値である「変わらない」に含めた[9]。因子分析の結果は表1-5のとおりである。この因子得点を，それぞれ「社会の景気認知」「個人の暮らし向き認知」として分析に用いた[10]。

表1-5：景気・暮らし向き状態認知　因子分析結果
（主因子法・プロマックス回転）

	因子1 社会景気 認知	因子2 個人暮らし向き 認知
Q34 現在の景気状態認知	0.699	−0.013
Q35 1年前と比べた景気状態認知	0.828	−0.014
Q36 将来の景気状態認知	0.540	0.067
Q47 1年前と比べた暮らし向き認知	0.081	0.591
Q48 将来の暮らし向き認知	−0.039	0.772
因子間相関	0.506	

所属団体数（第9波）：中間集団への参加が寛容性を高めるという議論（Putnam, 2000）に基づき，次の14種類の団体のうち，参加団体として言及のあったもの（「メンバーとして積極的に参加している」あるいは「メンバーになっている程度」）の数を単純加算した。①自治会・町内会，②PTA，③農協や同業者の団体，④労働組合，⑤生協・消費者団体，⑥NPO・NGO，⑦ボランティア団体，⑧住民運動団体・市民運動団体，⑨宗教団体，⑩学校の同窓会，⑪政治家の後援会，⑫仕事を離れたつきあいのある職場仲間のグループ，⑬習い事や学習のグループ，⑭趣味や遊び仲間のグループ。

価値観・信念(1)（第8波）：24項目（付録参照）に対し，主因子解による因子分析（プロマックス回転）を行った。共通性の低い項目（必要と思われたQ39(1)を除く）を除外したものが表1-6である[11]。なお，これらの項目についても，「わからない」「無回答」は中間値として処理した。これらの因子のうち，悲観性・政治的有効性感覚・一般的信頼感の因子得点を独立変数として分析に投入した。「外国人参政権への意見」との関連としては，先行研究から，悲観的なほど，また一般的信頼感が低いほど，外国人参政権に否定的であることが予測される。

　一方，政治的有効性感覚については，脅威の認知との交互作用が予測される。すなわち，外国人の脅威を大きく見積もる（外国人による犯罪の発生率を高く見積もる）群では，政治的有効性感覚の低さ（無力感）が，脅威への抵抗の無力感となり，外国人参政権に対する否定的な感情に結びつくと考えられる。なお，表1-6の項目は「そう思う」ほど点が高くなるように逆転しているので，政治的有効性感覚の因子のみ，因子得点が高いほど「有効性感覚が低い」という解釈になることに注意されたい。

　互恵性については，仮説の方向が明確ではないので本研究では分析に含めなかった[12]。

価値観・信念(2)（第8波・第9波）：伝統的家族観・権威主義・政治的寛容性

表 1-6：価値観・信念(1) 因子分析結果（主因子法：プロマックス回転）

	因子 1 悲観性	因子 2 互恵性	因子 3 政治的 有効性感覚	因子 4 一般的 信頼感
Q44 (1) 今の日本の政治家は、あまり私たちのことを考えていない	0.725	−0.096	−0.142	0.074
Q39 (4) 国会議員は当選したらすぐ国民のことを考えなくなる	0.650	−0.022	−0.008	0.029
Q44 (13) 世の中では正直者が損をし要領のいい人が得をする	0.617	0.074	0.033	−0.100
Q44 (4) 子供の将来にあまり希望がもてない	0.566	−0.061	−0.033	−0.006
Q44 (3) 人々の暮らし向きは、だんだんと悪くなってきている	0.546	−0.059	−0.068	0.038
Q44 (12) 政治や社会について何を信用していいかわからない	0.525	0.095	0.176	−0.018
Q44 (11) 世の中は結局学歴やお金がものをいう	0.448	0.105	0.057	−0.072
Q44 (19) 人を助ければ、いずれその人から助けてもらえる	0.005	0.768	−0.021	−0.025
Q44 (20) 人を助ければ自分が困った時に誰かが助けてくれる世の中	−0.032	0.595	−0.032	0.108
Q39 (2) 政府のすることを左右する力はない	−0.075	−0.092	0.648	0.015
Q39 (3) 政治とか政府とかはあまりに複雑なのでよく理解できない	0.148	0.001	0.601	0.088
Q39 (1) 自分一人くらい投票してもしなくても	−0.088	0.042	0.328	−0.135
Q44 (16) ほとんどの人は信頼できる	−0.101	0.007	0.000	0.672
Q44 (17) 人から信頼された場合、同じように相手を信頼する	0.080	0.061	−0.034	0.618
因子間相関　　因子2	−0.072	−	−	−
因子3	0.482	0.000	−	−
因子4	−0.175	0.384	−0.094	−

に関する6項目（付録参照）に対して，主因子法による因子分析（プロマックス回転）を行った（表1-7）。なお，これらの項目についても，「わからない」「無回答」は中間値として処理した。先行研究から，権威主義的であるほど，また政治的に寛容でないほど，外国人参政権に否定的と予測される。

表 1-7：価値観・信念(2)　因子分析結果（主因子法：プロマックス回転）

	因子1 伝統的家族観	因子2 権威主義	因子3 政治的寛容性
第8波Q40 A 国際結婚賛成 B 国際結婚反対	0.638	−0.062	0.013
第8波Q41 A 夫婦別姓賛成 B 夫婦別姓反対	0.623	0.058	0.016
第8波Q44(9)人の上に立つ人は下の者に威厳をもって接するべし	−0.018	0.511	0.010
第8波Q44(8)しきたりを破る者には、厳しい制裁を	0.002	0.500	−0.002
第9波Q31(2)民主主義に反対の団体の公民館使用許可	0.095	0.023	0.513
第9波Q31(1)異なる価値観受け入れる必要	−0.114	−0.024	0.494
因子間相関　　　　　　　　　　　因子2	0.343	−	−
因子3	−0.384	−0.252	−

　伝統的家族観については、「日本の伝統的価値観へのコミットメント」と考えられる。これが強い回答者は、外国人の参政権により否定的であろう。

政治的価値観（第9波）：政治的価値観に関する16項目の質問（付録参照）に対して、主因子法による因子分析（バリマックス回転）を行った（プロマックス回転では因子間の相関がほぼ0であった）。なお、これらの項目についても、「わからない」「無回答」は中間値として処理し、共通性の低い項目は分析から除外した（主に福祉関係の項目が除外されることになった）。

　その結果は表 1-8 に示すとおりである。「政治・行政改革」「軍事力強化」「平等」「国際協調」の四つの因子が抽出された。これら四つの因子得点が、「外国人参政権への意見」とどのように関連するかを検討する。本研究では、外国人による犯罪率を「20％以下」と見積もっている人（日本における外国人問題に関する知識が比較的正確で、かつ外国人への脅威の認知が相対的に低い群）では、「21％以上」と見積もっている人（錯誤相関を示している可能性が高く、外国人による脅威を大きく認知している群）に比較して、外国人参政権への意見が他の政治的価値観とより関連している、という仮説を検証する。

表 1-8：政治的価値観　因子分析結果（主因子法・バリマックス回転）

	1 政治・ 行政改革	2 軍事力	3 平　等	4 国際協調
Q 14 ⑭ 金権政治や政治腐敗は、この際徹底的に正すべきだ	0.713	0.011	−0.034	−0.066
Q 14 ⑬ 日本の非効率的な官僚制は徹底的に行政改革を行うべき	0.661	0.069	−0.111	−0.046
Q 14 ⑼ 労働者は重要な決定にもっと発言権をもつべき	0.407	0.044	0.290	0.091
Q 14 ⑺ 日本は絶対に核兵器をもってはいけない	0.289	−0.211	0.113	0.113
Q 14 ⑴ 日本の防衛力はもっと強化するべきだ	0.023	0.743	0.000	−0.140
Q 14 ⑶ 日米安保体制は現在よりもっと強化するべき	0.023	0.563	−0.055	0.210
Q 14 ⑽ 公務員や公営企業の労働者のストを認めるべき	−0.047	−0.124	0.508	0.094
Q 14 ⑾ 高い地位・職業につく女性をふやす特別な制度を設けるべき	0.039	0.100	0.469	0.094
Q 14 ⑸ 日本が過去に与えたアジアへの被害の反省謝罪が足りない	0.027	−0.181	0.398	0.232
Q 14 ⒂ 日本は北方領土を譲ってもロシアともっと親しくするべき	−0.107	−0.036	0.153	0.631
Q 14 ⑵ 日本が譲歩しても貿易摩擦を解消するべき	0.112	0.084	0.189	0.328
因子寄与率	17.4	16.3	13.5	9.2
累積%		33.7	47.2	56.5

3．結　果

(1) 外国人参政権への意見の規定要因：全サンプル

まず，すべてのサンプルを対象に，外国人参政権への意見（日本に定住している外国人に参政権を与えること：「賛成」〜「反対」までの5段階，得点が大きくな

表1-9：外国人参政権への意見：順序ロジット分析（全サンプル）

	モデル1 B	SE	p	モデル2 B	SE	p
年齢	−0.019	0.004	0.000	−0.016	0.004	0.000
性別（男性1；女性2）	−0.111	0.106	0.296	−0.184	0.114	0.107
最終卒業学校	0.177	0.060	0.003	0.006	0.064	0.929
階層帰属意識	0.084	0.067	0.211	0.154	0.071	0.029
居住都道府県外国人人口	−0.062	0.061	0.313	−0.089	0.063	0.159
新聞購読数	−0.005	0.090	0.957	−0.063	0.093	0.495
視聴テレビニュース数	0.049	0.020	0.015	0.050	0.021	0.016
社会景気認知（因子得点）	0.049	0.076	0.522	0.106	0.081	0.191
個人暮らし向き動向（因子得点）	−0.023	0.078	0.773	−0.052	0.081	0.518
所属集団数	0.054	0.026	0.038	0.035	0.027	0.194
政治的有効性感覚（因子得点）				−0.151	0.088	0.087
一般的信頼感（因子得点）				−0.072	0.068	0.288
伝統的家族観（因子得点）				−0.333	0.094	0.000
権威主義（因子得点）				−0.037	0.098	0.703
政治的寛容性（因子得点）				0.387	0.098	0.000
悲観性（因子得点）				0.095	0.083	0.254
行政改革（因子得点）				0.120	0.068	0.079
軍備増強（因子得点）				−0.190	0.067	0.005
平等（因子得点）				0.335	0.078	0.000
国際協調（因子得点）				0.081	0.080	0.308
cutpoint						
[newk32x2＝1]	−2.382	0.414	0.000	−2.830	0.439	0.000
[newk32x2＝2]	−1.546	0.410	0.000	−1.966	0.434	0.000
[newk32x2＝3]	−0.484	0.408	0.235	−0.838	0.431	0.052
[newk32x2＝4]	0.888	0.408	0.030	0.638	0.431	0.139
N	1245			1201		
Cox&Snell 疑似R2乗	0.061			0.151		
Nagelkerke 疑似R2乗	0.064			0.158		
McFadden 疑似R2乗	0.020			0.053		

るほど「賛成」）を規定する要因を，順序ロジット分析によって検証した。その結果は表1-9に示すとおりである。

　モデル1ではデモグラフィック変数を中心に基本的な変数を投入した。モデル2はモデル1の変数に，価値観および政治的態度の変数を加えたものである。それぞれの因子得点は，高いほどその因子の意味する特徴が強いことを意

味するが，政治的有効性感覚の因子のみ，元の項目の意味の関係で，因子得点が高いほど「有効性感覚が低い」という解釈になる（表 1-6 参照）。

モデル 2 を見ると，①年齢が若いほど，②自らの所属社会階層を高く認知しているほど，③テレビニュースを多く見るほど，④伝統的家族観へのコミットメントが弱いほど，⑤政治的に寛容であるほど，⑥軍備増強に否定的なほど，⑦平等的価値観を支持しているほど，外国人参政権に賛成するという傾向が見られた。また，統計的には弱い効果ながら，⑧政治的有効性感覚が高いほど，⑨政治・行政改革を支持するほど，外国人参政権に賛成する傾向があるようである。

これらの結果は，おおむね先行研究の知見に一致するものであるが，何点か興味深い結果も得られた。

まず目立つのが，モデル 1 では外国人参政権への意見に有意な関連を見せていた教育程度が，モデル 2 では有意な関連を見せていないことである。おそらく，教育程度は，過去の研究でも報告されていたように，政治的寛容性や民主主義的価値観へのコミットメント，あるいは政治的有効性感覚を高めることで間接的に外国人・移民への態度と関連していると思われる。

テレビニュースの視聴番組数の効果は，おそらく政治関心と関連していると考えられる。政治・行政改革への価値観との関連は，直接的には不明であるが，「政治の腐敗を正す」「労働者の発言権」といった構成要素を考えると，民主主義的な「参加」の価値観に関わっていると考えられる。

⑵ 外国人参政権への意見の規定要因：
　　外国人による犯罪比率の認知ごとの分析

本研究の二つの仮説は，「外国人の犯罪率を相対的に低く（比較的正確に）見積もっている人は，外国人参政権の問題を，他の争点との関連，特に平等志向の価値観，あるいは外交への態度との関連で判断する」と，「外国人の犯罪率を相対的に高く（過大推測）見積もっている人は，外国人の参政権に対する態度を，『自らの権利を奪うものかどうか』というところで判断する，すなわち

表 1-10 ：外国人参政権への意見：順序ロジット分析
(外国人による犯罪の比率認知別)

	20%以下			21%以上		
	B	SE	p	B	SE	p
年　齢	−0.013	0.007	0.052	−0.016	0.006	0.011
性別（男性1；女性2）	−0.270	0.192	0.161	−0.132	0.186	0.479
最終卒業学校	0.051	0.104	0.625	0.066	0.109	0.546
階層帰属意識	0.087	0.123	0.479	0.296	0.109	0.007
居住都道府県外国人人口	−0.178	0.101	0.079	−0.023	0.105	0.829
新聞購読数	−0.175	0.134	0.191	0.051	0.151	0.735
視聴テレビニュース数	0.078	0.034	0.021	0.041	0.032	0.195
社会景気認知（因子得点）	0.026	0.130	0.840	0.152	0.131	0.246
個人暮らし向き動向（因子得点）	0.066	0.121	0.586	−0.189	0.136	0.167
所属集団数	0.099	0.045	0.027	0.010	0.041	0.804
政治的有効性感覚（因子得点）	0.030	0.145	0.836	−0.257	0.142	0.070
一般的信頼感（因子得点）	−0.220	0.116	0.058	0.034	0.106	0.751
伝統的家族観（因子得点）	−0.425	0.151	0.005	−0.279	0.148	0.060
権威主義（因子得点）	0.166	0.161	0.301	−0.087	0.164	0.595
政治的寛容性（因子得点）	0.401	0.161	0.013	0.313	0.154	0.042
悲観性（因子得点）	−0.083	0.137	0.543	0.242	0.137	0.077
行政改革（因子得点）	0.235	0.119	0.047	0.028	0.108	0.797
軍備増強（因子得点）	−0.343	0.112	0.002	−0.167	0.107	0.118
平等（因子得点）	0.315	0.128	0.014	0.250	0.127	0.048
国際協調（因子得点）	−0.070	0.135	0.606	0.335	0.120	0.005
cutpoint						
[newk32x2＝1]	−3.252	0.708	0.000	−1.609	0.687	0.019
[newk32x2＝2]	−2.133	0.694	0.002	−0.933	0.684	0.173
[newk32x2＝3]	−1.049	0.688	0.127	0.070	0.683	0.918
[newk32x2＝4]	0.645	0.687	0.348	1.477	0.686	0.031
N	482			527		
Cox&Snell 疑似R2乗	0.170			0.148		
Nagelkerke 疑似R2乗	0.180			0.155		
McFadden 疑似R2乗	0.063			0.051		

経済状況の認知および政治的有効性感覚（無力感）が，外国人参政権への態度と関連している」（1-6参照）とであった。これら二つの仮説を検証するため，表1-9のモデル2と同じ独立変数を用いて，「日本における犯罪のうち，外国人によるものの比率」を「20%以下」と推定した群と「21%以上」と推定

した群に分割して分析を行った。その結果は表 1-10 に示すとおりである。

まず「20％以下」の群について見てみると，①視聴テレビニュースの数が多いほど，②所属集団数が多いほど，③伝統的家族観へのコミットメントが弱いほど，④政治的寛容性が高いほど，⑤政治・行政改革を支持するほど，⑥軍備増強に反対しているほど，⑦平等価値観を支持するほど，「外国人参政権に賛成」という傾向が得られた。また，統計的には弱い効果ながら，⑧年齢が若いほど，⑨居住都道府県の外国人人口の比率が低いほど，⑩一般的信頼感が低いほど，外国人参政権に賛成しているようである。

一方，「21％以上」の群について見てみると，①年齢が若いほど，②自らの所属社会階層を高く認知しているほど，③政治的に寛容であるほど，④平等の価値観を支持するほど，⑤国際協調志向が強いほど，「外国人参政権に賛成」する傾向にある。また，統計的には弱い効果ながら，⑥政治的有効性感覚が高いほど，⑦伝統的家族間へのコミットメントが弱いほど，⑧悲観的であるほど，「外国人参政権に賛成」という傾向も見られた。

二つの群に共通していたのは，①年齢，②伝統的家族観，③政治的寛容性，④平等価値観である。政治的寛容性と平等価値観については，先行研究の知見のとおりである。日本の伝統的な家族観へのコミットメントは，すなわち日本の伝統的価値観へのコミットメントと考えられる。これが強いほど，異質な文化的背景を持つ外国人が，日本の政治に関わることに脅威を感じるのであろう。これは，シンボリックなレイシズムの議論とも関わるものである。

次に，二つの群で違いが見られた点をまとめてみよう。「20％以下」の群でのみ有意であった変数は，①居住都道府県の外国人人口（有意水準10％），②視聴テレビニュース数，③所属集団数，④一般的信頼感（の低さ，有意水準10％），⑤行政改革価値観の支持，⑥軍備増強価値観の支持，であった。

これに対して「21％以上」群でのみ有意であった変数は，①階層帰属意識，②政治的有効性感覚（有意水準10％），③悲観性，④国際協調価値観の支持，であった。

外国人参政権と関連している政治的価値観（争点態度）の数は，「20％以下」

群のほうが多く，したがって，「外国人の犯罪率を相対的に低く（比較的正確に）見積もっている人は，外国人参政権の問題を，他の争点との関連で判断する」という仮説1はある程度支持されたと考えられる。ただし，「平等」価値観は両群に共通して外国人参政権への態度と関連しており，また，国際協調の価値観は「21％以上」群のみで外国人参政権への態度に関連していた。この違いについては，さらに詳細な検討を要するが，外国人への脅威の認知によって，外国人参政権が政策争点マップで異なる位置を占めているということはいえそうである。また，居住都道府県の外国人人口比率が，外国人参政権の意見に対してマイナスに寄与していたということは，外国人人口が増えるほどコンフリクトも増大し，それが有権者の意識にも影響しうることを示唆しており，今後の外国人労働者問題を考えるうえで考慮すべき点と考えられる。

　一方，「外国人の犯罪率を相対的に高く見積もっている（過大推測している）人は，外国人の参政権に対する態度を，『自らの権利を奪うものかどうか』というところで判断する，すなわち経済状況の認知および政治的有効性感覚（無力感）が，外国人参政権への態度と関連している」という仮説についても，部分的ながら支持されたといえるだろう。「21％以上」群では，帰属意識を持つ社会階層が高いほど，また，政治的有効性感覚が高いほど，外国人への参政権に肯定的という知見が得られた。これは，日本における外国人をめぐる問題の現状について知識が少なく，脅威を強く感じている人にとって，その脅威によって自らが脅かされないという一種の安心感が，外国人参政権への肯定的な態度を形成するということである。ただし，景気状態の認知や暮らし向き変化の認知は有意な関連を示していなかったので，「社会経済への悪影響」というよりも，単純に「自分の生活への脅威」という観点で判断されている可能性はある。

　以上，おおむね先行研究と仮説に一致した方向の結果となったが，2点ほど先行研究と一致しない結果が出ていることも報告しなくてはならない。「20％以下」の群では，（同時に投入した変数の影響をコントロールすると）一般的信頼感が外国人参政権への意見にマイナスに関連し「21％以上」群で，悲観性が外

国人参政権への意見とプラスの関連を示していた。この知見は寛容性などを統制したうえのことであるが，直観的には理解しにくい関連であり，モデル全体の妥当性とあわせて今後の検討を要する点である。

4．結論と今後の課題

本研究では，「外国人の犯罪率を相対的に低く（比較的正確に）見積もっている人は，外国人参政権の問題を，他の争点との関連，特に平等志向の価値観，あるいは外交への態度との関連で判断する」「外国人の犯罪率を相対的に高く（過大推測）見積もっている人は，外国人の参政権に対する態度を，『自らの権利を奪うものかどうか』というところで判断する，すなわち経済状況の認知および政治的有効性感覚（無力感）が，外国人参政権への態度と関連している」（1-6参照）という仮説を検証した。その結果，二つの仮説はおおむね支持されたといえる。この結果は，「外国人参政権」への態度形成のロジックが，日本における外国人をめぐる問題への知識や，外国人の脅威の認知によって異なることを示すものである。特に，「20％以下」群で「行政改革（参加）」や「軍備増強」価値観との関連が見られたことは，政治知識の高い層はイデオロギー的思考をする（Converse, 1964；Sniderman et al., 1991）という知見とも整合的である。

ただし，本研究にはいくつかの限界があるので，最後に指摘しておきたい。まず，外国人による犯罪率の認知が「20％以下」とした群を「比較的正確に認知している群」と見なしたが，これは「過小評価している」回答者も含むものであり，その方向の誤りについては検証できていない。外国人による犯罪率を低く見積もりすぎているという場合には，また異なるロジックで外国人参政権への態度が形成されている可能性がある[13]。

もう一つ，重要な問題点として，移民など外集団への偏見を抑制する「個人的な接触」に関する変数の効果が検討されていないことである。これは今回用いた調査票に，個人的接触に関わる変数が含まれていなかったことによるもの

だが，個人的接触の効果は日本の有権者を対象にした分析でも報告されており（永吉，2008；Nukaga, 2005；大槻，2006；田辺，2001），この変数を含めると，本研究の知見のいくつかは否定される可能性がある。

最後に，モデルの説明率は全体的に低く，重要な変数が検討されていない可能性がある。これらについては今後の検討を待ちたい。

1) 法務省入国管理局広報資料（http://www.moj.go.jp/PRESS/）による。なお，この数字は外国人登録をした者に限られており，帰化によって日本国籍を取得した者（およびその二世）や，不法在留者（注）は含まれていない。法務省入国管理局広報資料（http://www.moj.go.jp/PRESS/070229-2.pdf）によると，出入国記録から推計された不法在留者は2008年1月時点で約15万人となっている。
2) 1995年2月28日の最高裁判決では，永住外国人からの選挙人名簿登録の訴えを棄却しつつ，同時に「外国人の中でも，地域に密接に関わっている永住外国人が，地方参政権を行使するのは必ずしも憲法違反とはいえない」とも述べられている。
3) データの使用を許可してくださった池田謙一教授（東京大学），小林良彰教授（慶応大学），平野浩教授（学習院大学）（以上50音順）に感謝申し上げます。
4) 本研究で用いた調査データ21世紀初頭の投票行動の全国的・時系列的調査研究（JES 3）」の全9回の調査概要は以下のとおりである。

調査時期		調査方法	対象者	うち新規サンプル*	有効回答数	回収率
第1波	2001年7月19日-28日	参院選前	訪問式面接	3,000	-	2,061	68.7%
第2波	2001年8月1日-8月5日	参院選後	電話	3,000	-	1,253	41.8%
第3波	2003年3月12日-24日	統一地方選前	郵送	3,000	939	1,188	39.6%
第4波	2003年10月29日-11月8日	衆院選前	訪問式面接	3,759	1,425	2,162	57.5%
第5波	2003年11月11日-25日	衆院選後	訪問式面接	3,000**	644	2,268	63.5%
第6波	2004年7月1日-10日	参院選前	訪問式面接	3,735	1,121	2,115	56.6%
第7波	2004年7月15日-26日	参院選後	訪問式面接	2,575***	-	1,977	76.8%
第8波	2005年9月1日-10日	衆院選前	訪問式面接	2,134**	-	1,504	70.5%
第9波	2005年9月15日-26日	衆院選後	訪問式面接	1,735**	-	1,498	86.3%

* 回収率が低い地点については予備サンプルを含む。
** 前回までの対象者のうち，事前に強い拒否・協力不可能の意思表示を示した者を除いた。
***前回の回答者＋前回たまたまアタックできなかった対象者。

5) ただし，この設問では，「一般刑法犯」に限って尋ねられているわけではないという問題がある。つまり，外国人犯罪として件数では少なくない「入国管理法

違反」も含めて回答者が想定しているのであれば，一般刑法犯に基づく数字よりも高く見積もられてしかるべきということになる。ただし，それでも「20%以上」という数字は現実より多いであろうというのが本論文の推測ではある。
6) 社会階層は，次のような質問で尋ねられている。「仮に現在の日本の社会全体を，次の五つの層に分けるとすれば，あなた自身は，どれに入ると思いますか。」選択肢は(1)上，(2)中の上，(3)中の下，(4)下の上，(5)下の下，である。
7) 外国人人口1～2%未満の都道府県は，茨城，栃木，埼玉，千葉，神奈川，富山，福井，長野，山梨，滋賀，兵庫，広島，山口，外国人人口2%以上の都道府県には，群馬，東京，岐阜，静岡，愛知，三重，京都，大阪となる。それ以外の県は外国人人口1%以下である。参照データが共通なので，この分類は永吉(2008)と同一である。
8) この調査票では「日本に定住している外国人に参政権を与えること」という尋ね方になっていることには注意を要する。現在，議論の対象になっているのは，まず「永住外国人の参政権」であり，永住権のない「定住外国人」は含まれない。この質問が回答に影響した可能性はあるが，その判断は困難であるので，本研究ではこのまま「外国人参政権への態度」として扱う。
9) 無回答や欠損値に対し，自動的に中間値を当てはめる処理には問題がないわけではない。他の項目の回答パターンからより適切に推定する方法もあるが，この質問のような形式の場合，無回答は「どちらともいえない」に近いと判断し，ここでは中間値を当てはめることとした。
10) なお，調査票には「暮らし向き満足」に関する項目が含まれているが，分析の結果，共通性が低かったので，その項目は因子分析から除外した。
11) 「自分1人くらい投票してもしなくてもかまわない」という項目は，共通性が低かったのだが，政治的有効性の因子には必要な項目と判断したので，本研究では除外しなかった。
12) なお，互恵性因子も独立変数に含めて探索的な分析を行ったところ，全サンプルの分析でも外国人犯罪比率の認知「20%以下」「21%以上」の二つに分けた分析でも，「外国人参政権への意見」についてどちらでも有意な効果を示していなかった。
13) なお，本研究では，外国人による犯罪の比率を「20%以下」「21%以上」と認知した二つのグループに分けて分析を行っているので，「同じグループの中でも，より犯罪率を高く認知した人とそうでない人では，外国人参政権への意見が異なるのではないか」との疑問も生じうる。これについては詳細な検討を要するが，犯罪率の認知をコントロール変数として投入したところ，どちらのグループでも有意な効果は示していなかった。

参 考 文 献

1. Allport, G. W. (1954). *The Nature of Prejudice*. Cambridge, MA : Addison-Wesley.

2. Blumer, H. (1958). "Race Prejudice as a Sense of Group Position". *Pacific Sociological Review*, 1 : 3 − 7.
3. Bobo, L. & Licari, F. C. (1989). "Education and Political Tolerance : Testing the Effects of Cognitive Sophistication and Target Group Affect". *Public Opinion Quarterly*, 53 : 285 − 308.
4. Burns, P. & Gimpel, J. (2000). "Economic Insecurity, Prejudicial Stereotypes, and Public Opinion on Immigration Policy". *Political Science Quarterly*, 115 : 201 − 225.
5. Cigler, A. & Joslyn, M. R. (2002). "The Extensiveness of Group Membership and Social Capital : The Impact on Political Tolerance Attitudes". *Political Research Quarterly*, 55 : 7 −25.
6. Citrin, J., Green, D. P., Muste, C. & Wong, C. (1997). "Public Opinion toward Immigration Reform : The Role of Economic Motivations". *The Journal of Politics*, 59 : 858 − 881.
7. Condran, J. G. (1979) "Changes in White Attitudes toward Blacks : 1963 − 1977". *Public Opinion Quarterly*, 43 : 463 − 476.
8. Dalton, R. J. (2006). Citizen politics : Public Opinion and Political Parties in Advanced Industrial Democracies. CQ Press.
9. Depret, E. & Fiske, S. (1999). "Perceiving the Powerful : Intriguing Individuals versus Threatening Groups". *Journal of Experimental Social Psychology*, 35 : 461 − 480.
10. Espenshade, T., & Hempstead, K. (1996). "Contemporary American Attitudes toward US Immigration". *International Migration Review*, 30, 535 − 570.
11. Gibson, J. L. (1992). "Alternative Measures of Political Tolerance : Must Tolerance be "Least-liked"?" *American Journal of Political Science*, 36 : 560 − 577.
12. Gibson, J. L. (1998). "A Sober Second Thought : An Experiment in Persuading Russians to Tolerate". *American Journal of Political Science*, 42 : 819 − 850.
13. Gibson, J. L. & Bingham, R. D. (1982). "On the Conceptualization and Measurement of Political Tolerance". *American Political Science Review*, 76 : 603 − 620.
14. Hamilton, D. L., & Gifford, R. K. (1976). "Illusory Correlation in Interpersonal Perception : A Cognitive Basis of Stereotypic Judgments". *Journal of Experimental Social Psychology*, 12 : 392 − 407.
15. Henry, P. J., & Sears, D. O. (2002). "The Symbolic Racism 2000 Scale". *Political Psychology*, 23, 253 − 283.
16. Inglehart, R. (1990). "Culture Shift in Advanced Industrial Societies". *American Political Science Review*, 81 : 1289 − 1303.

17. Inglehart, R. (1997). *Modernization and Postmaterialism : Cultural, Economic, and Political Change in 43 Societies*. Princeton University Press.
18. Jackman, M. (1978). "General and Applied Tolerance : Does Education Increase Commitment to Racial Education?". *American Journal of Political Science*, 22 : 302-324.
19. Jackman, M. & Muha, M. J. (1984). "Education and Intergroup Attitudes : Moral Enlightenment, Superficial Democratic Commitment or Ideological Refinement?" American Sociological Review, 49 : 751-769.
20. 蒲島郁夫・竹中佳彦 (1996) 『現代日本人のイデオロギー』東京大学出版会。
21. Kinder, D. R., & Sears, D. O. (1981). "Prejudice and Politics : Symbolic Racism versus Racial Threats to the Good Life". *Journal of Personality and Social Psychology*, 40 : 414-431.
22. Lapinski, J. S., Peltola, P., Shaw, G., & Yang, A. (1997). "The polls-Trends : Immigrants and Immigration". *Public Opinion Quarterly*, 61 : 356-383.
23. Marcus, G., Sullivan, J., Theiss-Morse, E., & Wood, S. (1995). *With Malice toward Some : How People Make Civil Liberties Judgments*. Cambridge University Press.
24. McLaren, L. M. (2003). "Anti-Immigration Prejudice in Europe : Contact, Threat Perception, and Preferences for the Exclusion of Migrants". *Social Forces*, 81 : 909-936.
25. Mendus, S. (1989). *Toleration and the Limits of Liberalism*. Mcmillan. 〔日本語訳:谷本光男・北尾宏之・平井隆敏訳 (1997) 『寛容と自由主義の限界』ナカニシヤ出版。〕
26. 宮島喬・梶田孝道編 (2002) 『マイノリティと社会構造』東京大学出版会。
27. Mutz, D. C. (2002). "The Consequences of Cross-Cutting Networks for Political Participation". *American Journal of Political Science*, 46 : 838-855.
28. 長尾一紘 (2001) 「永住外国人の地方参政権―現状と課題」,『都市問題』第92巻第4号, 3-13ページ。
29. 永吉希久子 (2008) 「排外意識に対する接触と脅威認知の効果―JGSS-2003の分析から―」, 大阪商業大学比較地域研究所・東京大学社会科学研究所編『日本版 General Social Surveys 研究論文集 [7] JGSS で見た日本人の意識と行動』259-270ページ。
30. Nelson, T., Clawson, R. A. & Oxley, Z. M. (1997). "Media Framing of a Civil Liberties Conflict and its Effect on Tolerance". *American Political Science Review* : 91 : 567-583.
31. Nukaga, M. (2005). "Xenophobia and the Effects of Education : Determinants of Japanese Attitudes toward Acceptance of Foreigners". 大阪商業大学比較地域研究所・東京大学社会科学研究所編『日本版 General Social Surveys 研

究論文集 [5] JGSS で見た日本人の意識と行動』191-202ページ。
32. 大槻茂美 (2006)「外国人接触と外国人意識—JGSS-2003データによる接触仮説の再検討」, 大阪商業大学比較地域研究所・東京大学社会科学研究所編『日本版 General Social Surveys 研究論文集 [5] JGSS で見た日本人の意識と行動』149-159ページ。
33. Nunn, C. Z., Crockett, H. J. & Williams, J. A. (1978). *Tolerance for Nonconformity*. Jossey-Bass.
34. Olzak, S. (1992). *The Dynamics of Ethnic Competition and Conflicts*. Stanford University Press.
35. Ostrom, T. M. & Sedikides, C. (1992). "Out-Group Homogeneity Effects in Natural and Minimal Groups". *Psychological Bulletin*, 112 : 536-552.
36. 大槻茂美 (2006)「外国人接触と外国人意識—JGSS-2003データによる接触仮説の再検討」, 大阪商業大学比較地域研究所・東京大学社会科学研究所編『日本版 General Social Surveys 研究論文集 [5] JGSS で見た日本人の意識と行動』149-159ページ。
37. Paxton, P. & Mughan, A. (2006). "What's to Fear from Immigrants? Creating an Assimilationist Threat Scale". *Political Psychology*, 27 : 549-568.
38. Peffley, M., Knigge, P., & Hurwitz, J. (2001). "A Multiple Values Model of Political Tolerance". *Political Research Quarterly*, 54 : 379-406.
39. Putnam, R. P. (1995). "Bowling Alone : America's Social Capital". *Journal of Democracy*, 6 : 65-78.
40. Putnam, R. P. (2000). *Bowling Alone : The Collapse and Revival of American Community*. Simon & Schuster.
41. Quillian, L. (1995). "Prejudice as a Response to Perceived Group Threat : Population Composition and Anti-Immigrant Racial Prejudice in Europe". *American Sociological Review*, 60 : 586-611.
42. Sears, D. O., &Kinder, D. R. (1971). "Racial Tensions and Voting in Los Angeles." (In) Hirsch, W. Z. (Ed.) *Los Angeles : Viability and Prospects for Metropolitan Leadership*. NY : Praeger, pp. 51-88.
43. Shamir, M. & Sagiv-Schifter, T. (2006). "Conflict, Identity, and Tolerance : Israel in the Al-Aqsa Intifada". *Political Psychology*, 27 : 569-595.
44. Sniderman, P. M., Brody, R. A., & Tetlock, P. E. (1991) Reasoning and Choice : Explorations in Political Psychology. Cambridge University Press.
45. Skitka, L. J., Bauman, C. W., & Mullen, E. (2004). "Political Tolerance and Coming to Psychological Closure Following the September 11, 2001, Terrorist Attacks : An Integrative Approach". *Personality and Psychology Bulletin*, 30 : 743-756.
46. Stouffer, S. A. (1955/1992). *Communism, Conformity, and Civil Liberties : A Cross-Section of the Nation Speaks its Mind*. Transaction Publishers.

47. Sullivan, J. L., Piereson, J., & Marcus, G. E. (1982). *Political Tolerance and American Democracy*. University of Chicago Press.
48. Sullivan, J. L. & Transue, J. E. (1999). "The Psychological Underpinnings of Democracy : A Selective Review of Research on Political Tolerance, Interpersonal Trust, and Social Capital". *Annual Review of Psychology*, 50 : 625 – 650.
49. 田辺俊介 (2001)「外国人への排他性と接触経験」,『社会学論考』22 : 1 – 15。
50. Tajfel, H. & Tuner, J. C. (1986). "The Social Identity Theory of Intergroup Behaviour". (In) S. Worchel & W. G. Austin (eds.), Psychology of Intergroup Relations (pp. 7 – 24), Nelson–Hall.
51. Tversy, A. & Kahneman, D. (1973). "Availability : A Heuristic for Judging Frequency and Probability". *Cognitive Psychology*, 4 : 207 – 232.
52. Walzer, M. (1997). *On Toleration*. Yale University Press. 〔日本語訳:大川正彦訳 (2003)『寛容について』みすず書房。〕
53. Weissberg, R. (1998). *Political Tolerance : Balancing Community and Diversity*. Sage.

参考URL
1. 法務省入国管理局　http://www.moj.go.jp/PRESS/080601-1.pdf（2008年10月10日閲覧）
2. 総務省統計局平成17年度国勢調査　http://www.stat.go.jp/data/kokusei/2005/index.htm（2008年10月10日閲覧）

付　録
価値観・信念(1)：因子分析に用いられた項目は以下のとおり。なお，Q 44(8)および Q44(9)は，価値観・信念(2)の因子分析に含まれているので，この分析では除外した。選択肢は「そう思う」「どちらかといえばそう思う」「どちらともいえない」「どちらかといえばそう思わない」「そう思わない」の5段階である。データの欠損を抑えるため，**DK/NA**（わからない・無回答）は，中間値の「どちらともいえない」に含めた。なお，分析にあたっては，それぞれ「そう思う」が5点となるように反転した。共通性の低い項目は最終的な分析から除外した。
Q 39(1) 自分1人くらい投票してもしなくてもどちらでも構わない
Q 39(2) 自分には政府のすることに対してそれを左右する力はない
Q 39(3) 政治とか政府とかはあまりに複雑なので，自分には何をやっているのかよく理解できないことがある
Q 39(4) 国会議員は，おおざっぱにいって，当選したらすぐ国民のことを考えなくなる
Q 44(1) 今の日本の政治家は，あまり私たちのことを考えていない
Q 44(2) 世の中がどう変わるかわからないので，先のことを考えても仕方がない

Q 44 (3) 人々の暮らし向きは，だんだんと悪くなってきている
Q 44 (4) 世の中の移り変わりを考えると，子供の将来にあまり希望が持てない
Q 44 (5) この頃，世間はだんだんと情（なさけ）が薄くなってきている
Q 44 (6) 世の中に，力のある者と力のない者があるのは当然だ
Q 44 (7) どんなことでも，親のいうことには従わなくてはならない
Q 44 (10) できることならば，年頃の子供は男女別々の学校に通わせるべきだ
Q 44 (11) 今の世の中は結局学歴やお金がものをいう
Q 44 (12) 政治や社会についていろいろなことが伝えられているが，どれを信用していいかわからない
Q 44 (13) 今の世の中では，結局，正直者が損をし，要領のいい人が得をする
Q 44 (14) どうも自分のいいたいことや考えることは，世間の人には入れられない
Q 44 (15) 今のような生活をしていては，とても自分の夢は実現できそうにない
Q 44 (16) ほとんどの人は信頼できる
Q 44 (17) たいていの人は，人から信頼された場合，同じように相手を信頼する
Q 44 (18) 自分は信頼できる人と信頼できない人を見分けられる自信がある
Q 44 (19) 人を助ければ，いずれその人から助けてもらえる
Q 44 (20) 人を助ければ，今度は自分が困ったときに誰かが助けてくれるように世の中はできている

価値観・信念 (2)：因子分析に用いられた項目は以下のとおり。なお，「国際結婚への意見」と「夫婦別姓への意見」については，「Aに近い」「どちらかといえばAに近い」「どちらかといえばBに近い」「Bに近い」の四つの選択肢から近いものを選ぶことになっている。選択肢の中に「どちらでもない」が存在していないこと，DK/NA（無回答・わからない）の該当者がもともと少なかったこともあり，この項目については DK/NA は分析から除外した。

その他の 4 項目の選択肢は「そう思う」「どちらかといえばそう思う」「どちらともいえない」「どちらかといえばそう思わない」「そう思わない」の 5 段階である。これらの項目については，データの欠損を抑えるため，DK/NA（わからない・無回答）を中間値の「どちらともいえない」に含めた。なお，分析にあたっては，それぞれ「そう思う」が 5 点となるように反転した。

(1) 国際結婚への意見（第 8 波 Q 40）自分の子供の国際結婚について，次の二つの意見があります。あえていうと，あなたのお考えはどちらに近いですか。この中ではどれにあたりますか。
意見 A：2 人が望むのならば，どの国籍の人と結婚しようと構わない。
B：できることならば，日本人同士で結婚してほしい。

(2) 夫婦別姓への意見（第 8 波 Q 41）夫婦別姓化ができるよう民法を改正することについて，次の二つの意見があります。あえていうと，あなたのお考えはどちらに近いですか。この中ではどれにあたりますか。

意見Ａ：性別によらず同じ権利を持つべきなので，夫婦が別々の名字を使うことを認めるべきである。
Ｂ：同じ家族であれば同じ名字を使うべきであり，夫婦が別々の名字を使うことは認めるべきではない。
(3) 第8波Q44(8)世の中のしきたりを破る者には，厳しい制裁を加えるべきだ
(4) 第8波Q44(9)人の上に立つ人は下の者に威厳をもって接することが必要だ
(5) 第9波Q31(1)現代の日本には多様な人々が住んでいますが，これから読み上げることについてのあなたのご意見をお知らせください。自分とは全く違う価値観を持つ人たちがそれに基づいて生活していても，私たちは彼らを寛容に受け入れる必要があると思いますか。この中ではどれにあたりますか。
(6) 第9波Q31(2)民主主義に反対の主張をする団体が，公会堂や公民館で集会をしようとしたとき，役所は規則に従った申請があれば，それを許可しなくてはならないと思いますか。同じくこの中ではどうですか。

政治的価値観：因子分析に用いられた項目は以下のとおり。選択肢は「そう思う」「どちらかといえばそう思う」「どちらともいえない」「どちらかといえばそう思わない」「そう思わない」の5段階である。データの欠損を抑えるため，DK/NA（わからない・無回答）は，中間値の「どちらともいえない」に含めた。なお，分析にあたっては，それぞれ「そう思う」が5点となるように反転した。共通性の低い項目は最終的な分析から除外した。
(1) 日本の防衛力はもっと強化するべきだ
(2) 日本が譲歩しても外国との貿易摩擦をすみやかに解消するべきだ
(3) 年金や老人医療などの社会福祉は財政が苦しくても極力充実するべきだ
(4) 政府のサービスが悪くなっても金のかからない小さな政府のほうがよい
(5) 日本が過去にアジアの人々に与えた被害に対する反省と謝罪がまだ足りない
(6) 天皇は政治に対して，現在よりもっと強い発言権を持つべきだ
(7) 日本は絶対に核兵器を持ってはいけない
(8) 日米安保体制は現在よりもっと強化するべきだ
(9) 労働者は重要な決定に関して，もっと発言権を持つべきだ
(10) 公務員や公営企業の労働者のストライキを認めるべきだ
(11) より高い地位やよい職業につく女性を増やすため，政府は特別な制度を設けるべきだ
(12) お年寄りや心身の不自由な人は別として，すべての人は社会福祉をあてにしないで生活しなければならない
(13) 日本の官僚制は効率的に機能していないので，徹底的に行政改革を行うべきだ
(14) 金権政治や政治腐敗は，この際徹底的に正すべきだ
(15) 日本は北方領土をゆずっても，ロシアともっと親しくするべきだ
(16) 拉致問題が解決するまでは北朝鮮に経済支援をすべきではない

第 2 章
勝てば，自民党
――フランチャイズ政党における候補者公認基準――

スティーブン　R. リード

1. はじめに

　比較政治学者は，「政党」を分類するとき，しばしば三つに分ける。すなわち，「名望家政党」，「大衆政党」，「包括政党」である。これらの他にも多くの類型が提案されているが，自民党にぴたりと当てはまると思われる種類は見当たらない。逆に自民党は複数の種類にある程度ずつ属しているように見える。自民党は一体どういう政党であろうか。

　以下では，自民党に最も適切な類型は，候補者中心の「フランチャイズ政党」であることを論じる。その候補者中心の性格を最もはっきりと表しているところは公認過程である。自民党は公認の基準をいろいろ設定してきたが，それらはすべて執行部の望む基準であって建前にすぎず，事実上の公認基準は単純に「勝てば，自民党」ということであり，それが本音である。候補者が自民党の公認を申請して断られた場合（いわゆる「公認漏れ」），それでも無所属で出馬して勝てば，次の選挙で公認される。公認は自民党の戦略に使われるだけでなく，各候補者の戦略にも左右されている。

2．自民党はどういう政党か？

　名望家政党とは，その地域の「偉い人」（地主，高校の先生など）が，政党の力に頼らず，個人の知名度で当選し，当選後に政党を選ぶ，団結や一貫性の弱い政党のことである。自民党は名望家政党そのものとはいえないかもしれないが，名望家政党的性格が確かにある。1955年の設立当時，自民党は各選挙区に党組織がなく，合流した候補者とその後援会の寄り集まりにすぎず，「足のない政党」といわれていた。1993年までの中選挙区制時代にも党組織の発展がほとんどなく，選挙に当選することは候補者個人の責任であった。1996年からの小選挙区制中心の並立制になって，党の役割が大きくなる傾向が見えるが，いまだに選挙では後援会の役割が党組織より大きいと思われる。「偉い人」の意味は，地主などから，利益誘導ができる「使える政治家」に変化してきた。しかし現在に至るまで，支持者に関しては，自民党の支持者よりも特定の代議士やその家族の支持者が多い。たとえば，新潟では「田中党」が「自民党」より強い地域があるし，日本中によく似た現象が見られる。

　大衆政党とは，大きな組織（労組，宗教団体など）を支持母体とした政党のことである。自民党には特定の支持母体がないが，特に1972年に始まる田中角栄の時代から，数多くの組織票をとり込んできた。典型的な大衆政党は，旧日本社会党（労組）や公明党（創価学会）のように，一つの支持母体を中心に票を集めるが，自民党と同様にイタリアのキリスト教民主党（キ民党）も複数の組織を票田にしていた。キ民党の分類について，Belloni, Caciagli and Mattina (1979) は，「利益誘導型大衆政党」(mass clientelism party) という特殊な大衆政党の概念を提案した。既存の大衆組織がなくても，万年与党には政策を利用して支持母体を育成するという選択肢がある。

　自民党もイタリアのキ民党も，もともとは保守体制に反対してきた農民を，戦後の土地改革を通して，農協という組織を通じて固い支持母体に作りあげてきた。その後，自民党は選挙で困ったことがあれば，同じ手を使って多くの組

織の支持を付け加えてきた。特に1974年参院選で田中角栄首相（当時）と橋本龍太郎幹事長（当時）が展開した「組織ぐるみ」戦略によって，自民党は組織票に頼る政党になった。中でも官僚出身の候補者によって各業界の票をまとめたことが大きな効果を上げた。

　しかし組織の支持といっても，自民党への支持であるよりも，候補者に対する支持でとどまったことが多い。たとえば，村上正邦参院議員は「ケーエスデー中小企業経営者福祉事業団」（KSD）を支持母体としたが，その組織は「村上一色だった」といって，同じ派閥の議員でさえ近付くのを嫌った（読売新聞2003年3月3日）。KSDは自民党支持母体というよりも，村上氏の支持母体であった。また，2005年総選挙の石川2区では，自民党石川県林材業支部が自民党公認の森喜朗元首相にも民主党公認候補者にも献金したことが問題となった（北海道新聞2006年11月1日）。民主党の候補者は林業との関係が深かったからであると説明された。「自民党石川県林材業支部」は「自民党支部」というよりも「林材業支部」であった。このように，組織票であっても，自民党に直接つながっていたとは限らず，候補者を通して票を集める仕組みとなっていたりした。

　包括政党とは，特定の組織・階級・グループなどを代表するのではなく，有権者の誰をも排除せず，国民全体に支持を訴え，政策・党首の魅力・業績によって票を集める政党のことである。確かに自民党は有権者を排除しないし，業績や政権担当能力を唱えてきた。しかし，自民党は，国民全体を向いた政策よりも特定の組織を向いた政策を唱えがちであったし，また，魅力のある党首も少なかった。その唯一といっていいほどの例外は，2005年総選挙の小泉首相とその下での郵政選挙であった。実に，小泉氏が唱えた「自民党を変えることによって，日本を変える」というセリフは，自民党を近代包括政党に変身させる公約と解釈すべきであろう。しかし，自民党は包括政党には変身できなかった。

　これら三つの類型の中では，「利益誘導型大衆政党」が自民党に最も近いと思われるが，それでもイタリアのキ民党と違って，自民党の組織票は候補者を

通して集めることが多い。もちろん,自民党を直接支持する有権者もゼロではなく3割程度はいたが,集票は候補者からの依頼であることが多かった。また,利益誘導によって多くの組織票を作るのは,果たして「大衆政党」と考えるべきだろうか。それよりも,政党の種類を問わず,万年与党が使える戦略と考えたほうが適切であるかもしれない。どちらにしても,自民党の特徴は何よりも候補者依存であろう。とすれば,「フランチャイズ政党」という分類が自民党には最も適切と思われる。「フランチャイズ政党」とは,「政党はブランド名とある程度の支援を提供するが,各候補者は興行主や座元として独自に選挙を行う」政党のことである (Curtis 1999:143)。フランチャイズ政党についての研究は少ないが,カナダの政党にも当てはめられたことがある (Carty 2002)。

　候補者中心のフランチャイズ政党にとって,最も難しい作業が公認である。公認は党の候補者を選ぶことであるが,他の候補者を選ばないことでもある。大衆政党や包括政党であれば,政党の支援がなければ勝算がないので,政党に選ばれていない候補者は立候補しないことが常識であるが,フランチャイズ政党では,政党の支援が当選に有利ではあっても,不可欠ではないので,政党に選ばれていない候補者にも無所属出馬という選択肢がある。そして無所属の候補者が当選した場合,大衆政党や包括政党であれば反党行為をしたとして候補者を排除するが,フランチャイズ政党では入党を断ることができない。自民党は中選挙区制時代でも,現在の小選挙区制を中心とした並立制の時代でも,参院の比例代表拘束名簿制の選挙でも,公認の問題に悩まされてきた。

3. 中選挙区制時代の自民党公認基準

　自民党が初めて戦った総選挙は1958年であった。その選挙では,公認基準を三つ設定した:(1)定数以上に公認しない,(2)刑事事件で取り調べ中の候補者は公認しない,(3)当選できない候補者を公認しない。中選挙区制では,「乱立」すれば獲得できる議席を失うことがある。たとえば,3人区で3人を擁立すれ

ば，3番，4番，5番となり，3番の候補者しか当選しないが，2人を擁立すれば，2番と3番になり，2人とも当選するということがある。定数以上に，たとえば3人区に4人を公認すると，得をする可能性はないし，損をする可能性のみがあるので，中選挙区制の常識外れである。したがって公認の三基準は厳しいものではなかったが，それでも守り切れなかった。投票日の21日前に，党が29人の非公認候補者に，準公認の意味の「党籍証明書」を出した（朝日新聞1958年5月1日）。そして，投票日までに全員を追加公認した。その29人のうち7人は取り調べ中であったし，あとの候補者は公認によって「乱立」になるのであった。その中の7人は当選した。

その29人を公認する前の公認候補者数は，理論どおりの合理的人数に近かった。しかし，追加公認によって不合理が生じた。自民党はなぜ「不合理的な」追加公認をしたのであろうか。自民党執行部の志向は合理的であったが，その志向を実現する権力がなかった。たとえば，4人が公認を申請したが合理的な公認候補者数が3人であるとして3人だけ公認したとしても，必ずしも3人しか出馬しないわけではない。3人だけ公認しても，公認から漏れた候補者が無所属で出馬して，実質的な自民党の候補者が4人になることがある。無所属で出馬しても自民党公認候補者と変わりはなく，事実上自民党の候補者と見なされることが少なくなかった。保守系無所属の候補者は党内の派閥の支援を受けていたことが普通であったし，当選すれば入党を志願する。入党志願さえすれば，たとえ自民党の現職の公認候補者を競り落としていたとしても，入党を断ったことは一度もない。結局，当選さえすれば，自民党の議員になれる。

合理的な人数を公認しても実際の候補者数は合理的な人数ではなく「乱立」になる可能性のあるフランチャイズ政党にとっては，合理的な公認作業は必ずしも得策ではない。無論，「乱立」を抑える努力は必要であるが，どうしても出馬したいという候補者を公認しなければ，しこりを作るだけである。候補者間だけではなく，その候補者を支持する有権者・組織・党内派閥などの間にも，しこりが残る。フランチャイズ政党の執行部としては，公認の仕組みを厳しくして敵を作るよりも，誰も責任をとらなくて済む客観的な基準に任せたほ

うが得策となろう。「勝てば，自民党」という基準にすれば，執行部の責任ではなく有権者に任せたことになるので，候補者自身の責任となる。1958年より後の選挙では，執行部が保守系無所属による「乱立」を抑える努力は続けたが，ある程度は「仕方がない」として放置した。候補者のほうでも，選挙に負けたら公認を失うことも「仕方がない」として，その後の出馬を断念したりするようになった。まれには「乱立」になることもあったが，各選挙区の自民党の候補者数は，次第に当選できる人数に落ち着く傾向になった。執行部が合理的にコントロールできなくても，「見えざる手が動かしたように」合理的な結果が出た。

　自民党執行部は，有権者に任せた「勝てば，自民党」の方針を続けていたが，1967年総選挙は危機的であった。不祥事が多発した「黒い霧」疑惑の中で過半数割れの恐れが出た。福田赳夫幹事長（当時）は，公認候者数を絞って保守系無所属を引きおろすという工作に乗り出した。「自民党系無所属候補に立候補辞退をさせるということはできないので，結局，自民党系無所属候補の支持勢力を自民党公認候補の方へ振向けるということになる」（朝日新聞1967年1月14日夕）。出馬しないようにという説得は難しかったため，自民党系無所属候補の支持勢力に，選挙運動を控えたり公認候補者も支援するように要請したにとどまった。これに対し，反主流派が反発して「自民粛党同盟」を結成し，17人の自民党系無所属候補は，事実上，自民党反主流派の公認を受けた（朝日新聞1967年1月17日）。

　この17人の中で2人は説得されて，出馬を取り止めた。党執行部の影響力はゼロではないが，あまり強くなかった。残った15選挙区では，共倒れが4回発生して自民党が4議席を失ったが，別の2選挙区では公認候補者が全員当選したうえに，反主流の非公認候補者も当選したので，2議席を増やした。残りの9選挙区では，反主流の候補者が落選し，自民党の議席数は変わらなかった。合計すると，全体としての不合理的な戦略のコストは2議席にすぎなかった。Browne and Patterson（1999）が指摘したように，公認行動が不合理的であっても，必ずしも損をするとは限らない。損さえしなければ，それは合理的だっ

たという主張には納得できないが，選挙は予測しにくいものであるので，いくら合理的な計算をしても誤算が出るし，その誤算はプラスにもマイナスにも働くことがある。

中選挙区制時代に，どうすれば自民党公認を得られたか，分析してみた（Reed forthcoming）。ある選挙で公認のない保守系無所属について，次の選挙で公認された候補者と公認されなかった候補者の違いを分析した。その結果は，公認がほしければ勝てばよいということであった。党の戦略はある程度影響があったが，他の変数（派閥，前回次点など）は関係していなかった。逆に，ある選挙での公認候補者が次回の選挙で公認を失うか否かの説明は，より複雑だった。ある選挙で負けたら次の選挙で公認を失う可能性が最も高いが，同じく負けるにしても次点であれば有利である。また，スキャンダルがあったり，反党行為があったりすると，公認も失うことがあるが，それは1993年の不信任案に賛成したり，欠席したりした公認候補者に多い。データ分析で「勝てば，自民党」の仮説を立証できた。

4．参院比例区における名簿作成

1980年までの参院の全国区は，衆院の中選挙区と同様に，候補者の名前を書く仕組みであったので，自民党は，衆院と同様の「勝てば，自民党」の公認基準を使った。しかし，1983年から参院選の全国区は，拘束名簿の比例代表制になった。拘束名簿制では，有権者が候補者名を書くところがなく党名しか記入できないので，政党本位の選挙をせざるを得なくなると思われたが，候補者中心の自民党は，結局候補者本位の名簿を作成した。

全国区で当選する秘訣は，大きな組織の支援であった。多様な団体が参院議員を当選させた。たとえば，1974年の自民党公認候補者は，トヨタ自販，日立家電，土地改良団体，建設業界のような企業や業界団体や，神社庁，仏所護念会，霊友会，生長の家，立正佼成会のような宗教団体や，医師会，歯科医師会，薬剤師会，看護連盟，助産婦会のような医療団体や，自衛隊，遺族会のような

団体に支えられた（朝日新聞1974年5月21日）。

　1983年参院選では，各政党が初めて名簿を作成しなければならなかったが，自民党のようなフランチャイズ政党にとっては名簿作成が大きな問題であった。執行部は初めて，公認過程をコントロールできることになったが，「勝てば，自民党」に代わる公認基準がなかった。最初に，従来どおりの(1)現職優先，(2)前回当選順位の尊重という2点は，党内コンセンサスを得ることができた。しかし，新顔の「党への貢献度」をどう判断すればよいかが問題となり，各候補者の党員集めで判断することとなった。1978年から党員が参加する総裁予備選挙を導入したが，これに関して最も高く評価された結果は，党員増であった。「その結果，党員数40万人の政党が，わずか1年で150万人政党に。つまり，全有権者の52人に1人が自民党党員になったわけだ。これまで，地方議員クラスで党籍を持っていても「保守無所属」と名乗っていた人たちも，堂々と「自民党」を名乗って，党員の募集や総裁選挙の準備など党活動に専念するようになった。長い間，眠っていた「党員意識」を刺激し，各地の党組織が"活動"し始めたことが，予備選挙制度導入の大きな効果といえよう。」（朝日新聞1978年11月28日）。成功した仕組みを再び利用することは自然の成り行きであったろう。

　最初は現職優先を守り，新顔の候補者だけに低い水準を設定した。「引退する現職4人に対し，10人近い新顔が名乗りをあげているうえ，新党員5万人を獲得できるかどうかで，名簿登載の順位が決まる，と党側が非公式ながら『ノルマ』を示した」（朝日新聞1982年9月26日）。その後，新規の獲得党員数に加えて，後援会員数も判断材料に使うことになり，総裁選と同様に新党員作りの激しい競争になった。

　この新党員獲得数という基準を最も利用したのが官僚出身の候補者であった。現役時代に担当した業界のコネを通して，新党員・後援会員を大量に入党・入会させることができた。これらの結果，当初5万人が目安であった新党員獲得数は，最低限が20万人となった。逆に，前職議員の中にはあまり努力しない候補者がいた。しかし，新党員獲得数は「勝てば，自民党」と同様に客観

的な基準であり，無視できなくなっていき，結局，現職優先の原則が崩れてしまった。「当初の選考方針であった現職優先の方針は崩れ，現職と新顔が入りまじる結果となった。」「土壇場にきて現職と新顔を分けず，両者をつきまぜたうえで『実績』中心に順位をつけることになった。その結果，党員や後援会員の獲得基準について，党員で20万人以上，後援会員400万人を集め，現職を大きく上回った新顔の岡野裕氏（郵政省出身）が4位，同じく新顔で400万人以上の後援者を集めた矢野俊比古氏（通産省出身）が7位など，官庁の組織力などを使った新顔候補が上位に進出。20位以内には，林氏を除いて新顔8人が入ることになった。逆に，現職でも党員獲得などが少なかったり，ほとんどなかった楠正俊，高橋圭三，円山雅也の三氏が20位以下に転落した。」（朝日新聞1983年6月3日）。

　結局，候補者中心のフランチャイズ政党には，比例名簿の作成は困難であった。候補者名を書けない比例代表の拘束名簿でさえ，候補者本位の名簿ができた。そして，フランチャイズ政党と拘束名簿の組み合わせが多くの矛盾と問題を生んだ。矛盾の一つは，自民党党員は必ずしも自民党支持者ではないことにある。党員を集める作業は従来どおりに組織と候補者を通したので，自民党党員であっても，自民党支持の意識が全くなかったり薄かったりした。組織が，本人に知らせることなく入党させて，党費を払ったことも少なくなかった。このため，本来「党本位の金のかからない拘束名簿」制であるはずが，「候補者本位の金を食う」選挙を生んだ。

　2001年参院選からは，参院の比例代表制は非拘束名簿制に改正された。非拘束名簿制では，名簿順位を候補者と有権者に任せることになり，政党は名簿を作成しなくて済む。フランチャイズ政党に都合のいい制度に切り替えたことになる。

5．並立制におけるフランチャイズ政党

　1996年総選挙から，衆院は小選挙区制と比例代表制を組み合わせた並立制になった。その比例代表は拘束名簿式であるが，重複立候補制を導入したので，純粋な拘束名簿式とは異なる。衆院の拘束名簿式の場合，党が決める順位と党が有権者に任せる順位との両方がある。後者は，小選挙区に重複立候補している候補者を同一順位にしておいて，小選挙区の結果によって比例名簿の順位を並べ替える仕組みである。まず，小選挙区の当選者を除いて，落選者の得票数を当選者の得票数で割って「惜敗率」を計算し，名簿順位が等しい候補者の間では，その惜敗率の高い順に議席を与える。

　重複立候補制にはいろいろな可能性を想像できるが，事実上，公認を三つの型に分けることができる。すなわち，(1)上位の当選が確実と思われる，党が候補者に議席を提供する形の「交渉公認」，(2)小選挙区に立候補している候補者を同一順位にする「競争公認」，(3)下位の落選確実と思われる「残余公認」である。もちろん，当選確実と思われた順位でも落選することはあるが，党本部が候補者と交渉して，何らかの見返りを求めて与える順位であるので「交渉公認」といえる。2005年の自民党が圧勝した郵政民営化選挙では，落選確実と思われる順位で当選したこともあったが，それは選挙結果の予想ミスによるもので「残余公認」であった。小選挙区において最も頑張った候補者に政党の比例議席を配分するという点で，「競争公認」は有権者に決定を任せる客観的な基準で，フランチャイズ政党にふさわしく見えるが，自民党は小選挙区の公認に際しても苦労した。

　中選挙区時代と同様に，自民党から出馬したい候補者が多すぎたわけだが，小選挙区では自民党系の候補者2人が出ると，共倒れになって議席を野党に渡す確率が高くなった。従来の「勝てば，自民党」の公認基準が使えなくなっていると思われる。実際，自民党は小選挙区で2人を公認したことはない。2003年に宮崎2区と3区で，誰も公認せずに，2人の無所属を支持して，勝ったほ

うを次の選挙で公認するという「勝てば，自民党」基準を2回使ったことがある。しかし，宮崎では野党があまりにも弱すぎたためにできたことであり，一般には小選挙区制の理論どおり1人しか公認できない。しかし，フランチャイズ政党は候補者を1人に絞って，他の候補者の立候補を抑えることができない。有力候補者が2人いる場合，自民党は1人を公認して，あと1人に対して何とか工夫しなければならない。その最も目立つ工夫はコスタリカ方式である。

　コスタリカ方式とは，1人を小選挙区で公認し，あと1人は比例名簿の上位に載せ，2人を当選させて，そして次回は2人を交代させる工夫である。結局，比例名簿を利用して，小選挙区の公認問題を解決することになる。自民党にとって，コスタリカ方式のメリットは，共倒れを避けること，さらに最悪の出来事，つまり有力候補者が離党して野党から立候補することを避けることにある。他方，コスタリカ方式によると，小選挙区の議席は失わないかもしれないが，比例区で「競争公認」候補者に比例議席を与えず，「交渉公認」候補者に与えることになり，比例の議席が増えにくくなる。当選議席数の観点からは，比例区の議席をすべて「競争公認」者に与えることが理想的なので，自民党は繰り返してコスタリカ方式をなくすことを宣言している。しかし，1958年の理想的な公認基準と同様に，実施はできない。コスタリカ方式は，1996年に比例当選者の14％，2000年に27％，2003年に20％であったが，2005年は12％で，並立制の4回目の選挙で初めて減る傾向が見えてきた。これに対して「競争公認」者の当選者の割合は，1996年の42.9％，2000年の10.7％，2003年の46.4％，2005年の60.5％と，4回目には理想的な100％へ近づいてきた。2005年は自民党の圧勝であったので，比例議席数が増えるにつれて名簿下位の競争公認候補の当選が増えただけという可能性もある。しかし自民党は，2008年秋に予定されていた次期総選挙へ向けて，すでにコスタリカ方式を三つも解消してきている。競争公認を増やす努力が確かに認められる。なお，2000年のみ10.7％と極端に値が低いのは，新進党解体に伴って自民党に復党した候補者の多くをコスタリカ方式で処理したため，比例議席は競争公認候補者に少ししか

残らなかったからである。

　2005年の次の総選挙では，自民党は現職が多く，それに元職，有力候補者を付け加えると立候補予定者があふれているが，自民党の議席は減ると予想される。この中で，菅義偉選対副委員長は，「コスタリカはもう一度しっかり見直す時期。比例区単独も極力ゼロにしたい」（神奈川新聞2008年2月23）と発言したように，候補者を絞ることに努力している。他方で，2人の現職や有力候補者を抱えている選挙区の支部は，コスタリカ方式を認めるように要請している。党本部はこの要請を本当に拒否できるだろうか。もし党本部が拒否すれば，公認漏れの候補者は無所属として出馬するだろうか。次回の総選挙は確かに自民党にとって危機になると思われるが，1967年と同じように合理的な公認に失敗するのか，それともフランチャイズ政党の性格から脱皮できるのか，自民党の将来を占うことになろう。

　公認に漏れても，コスタリカ方式による比例に回ることを断って，中選挙区時代と同様に無所属で出馬する候補者も少なくない。一般論として，並立制は無所属候補者に厳しい。それでも公認漏れの候補者が1996年に21名，2000年に37名，2003年に39名，2005年に46名と増加している。しかも当選率は3割弱で，中選挙区制時代の2割より高い。いうまでもないが，当選さえすれば自民党に入党できる。この最も伝統的な意味で「勝てば，自民党」という公認基準は並立制になっても健全である。しかし，「勝てば，自民党」は，もう一つの意味で中選挙区制の時代よりも生きている。それは，もし無所属ではなく，自民党を離党して野党から出馬した場合でさえ，復党できることにある。

　中選挙区制時代の反党行為は，主に無所属出馬で共倒れを起こしたり，公認候補者を破ったりすることであった。1976年の新自由クラブは，自民党を離党して野党と協力したが，それは自民党現職の7名にすぎなかった。並立制を導入した1996年総選挙では，元自民党議員が大量に新進党や民主党に流れた。しかし，1997年に新進党が解体し，多くの候補者が自民党復党を希望した。2000年総選挙で自民党は，新進党に走った「裏切り者」を公認するかどうかという問題に迫られていた。その公認基準は，やはり「勝てば，自民党」であった。

自民党に復党した候補者の中で，21名が小選挙区で当選した現職であったが，落選者は7名だけであった。当選者の中で，14名は小選挙区の公認を受け，残りの7名は当選権の範囲内の比例公認を受けた。両者は1996年総選挙で自民党公認の落選した候補者とコスタリカ方式を組むことが多かった。落選者でありながら小選挙区の公認を受けたのは1人だけで，それは自民党も落選した宮城5区であった。復党できなかった候補者の中で落選者の2人が無所属で立候補し，自民党の公認候補者を破って当選したので，2003年までに自民党に復党して公認候補者になった。結局，「勝てば，自民党に復党できる」。

小泉首相は「自民党を変えることによって，日本を変える」という公約を守るために，自民党の伝統を真正面から否定した行為を数多く行った。内閣形成に際して派閥領袖を無視したり，伝統的な満場一致ではなく多数決で決めたりしたが，最も画期的な行動は2005年総選挙においてマニフェスト（郵政民営化）に反対する代議士を公認せず，賛成する候補者（いわゆる刺客）を公認したことであった。公認基準を，「勝てば，自民党」の原則から，「マニフェストしなければ，自民党ではない」原則に切り替えた。造反組の中には地盤が強くて当選確実の人も多く，送った刺客には勝算のない人も多かった。しかし，自民党の伝統を否定することは国民には非常に人気があり，2005年総選挙で自民党は歴史的な圧勝をおさめた。小泉流の党改革が長く続いたなら，自民党はフランチャイズ政党から近代包括政党に変身できたと思われるが，自民党の伝統はそう簡単には変わらなかった。

2005年総選挙では，自民党の伝統を信じて，復党を目指すために国民新党や新党日本の公認を断って，無所属出馬した造反者が多かった。小泉後継の安倍首相は，早々に「勝てば，自民党」の原則を復活し，当選した造反組を復党させた。しかし，当選した造反組だけではなく，落選組までも復党させたためかもしれないが，自民党の伝統を守ったともいえる安倍首相の支持率は急落した。2005年総選挙後の例外的な現象は，自民党からではなく造反組から生まれた。復党を希望しない人が少なくなかったし，国民新党を設立して野党と協力したり，民主党に直接入党したりする人も現れた。

次回総選挙の公認過程が進んでいる（2008年8月18日現在では），2005年で小選挙区に当選した刺客は15人で，すでに全員が公認を受けている。落選者の6人には公認を受けた候補者は1人もいない。復党した造反者の12人のうち10人が公認を受けた（1人は本人ではなく後継者）。あとの2人について，1人は勝てるはずの市長選挙に出馬する予定で，1人は未定である。造反した落選者のうち1人だけ（大分1区の衛藤晟一）が復党を認められて，2007年参院選の比例区で当選した。党本部にとって最も困る選挙区は，造反者が当選したが刺客も復活当選して，現職2人を抱える七つの選挙区である。その中の六つは公認が決まっていて，五つは造反者に，一つは刺客に与えられた。唯一公認された刺客は，造反者が市長選に出馬するために可能になった。並立制の下でも「勝てば，自民党」の原則は健全である。

6. 選挙制度と党組織

候補者中心のフランチャイズ政党は，中選挙区制にふさわしい。実に，中選挙区制はフランチャイズ政党を育成するかもしれない。しかし，比例代表の拘束名簿式は政党本位の選挙運動を促進するはずだが，自民党は選挙制度の改正にもかかわらず，候補者本位の選挙運動を続けた。小選挙区制中心の並立制は，小選挙区で1人を公認して，比例区ではすべて競争公認とする作戦が最適と思われるが，選挙制度の改正にもかかわらず，自民党は伝統的な「勝てば，自民党」に加えて，「勝てば，復党できる」やコスタリカ方式などの候補者中心の戦略を採用してきた。

こういう事実をどう解釈すべきであろうか。「自民党の本質は候補者依存であるので，どのようなことがあっても変わらない」や「選挙制度より，党組織が強い」などと浮かんでくる二つの仮説には，賛成できない。

「本質」という概念には方法論的に問題が多い。自民党の歴史を振り返ってみれば，特に下野の可能性が出れば，よく変わる政党だということがわかる。50年代に本質といわれた「憲法改正・再軍備」や60年代の「経済成長第一主

義・環境無視」の政策は，両方とも捨ててきた。候補者中心であることはまだ変わっていないが，本質だと決めることはできない。政権維持の障害になれば，この「本質」も捨てられると思われる。

「選挙制度」と「党組織」を変数と考え，その影響力を比較することにも無理がある。より正確な発想は，政党は進化するもので，選挙制度の改正があれば政党はその制度に対応するというものだろう。対応には時間がかかるので，改革後の1回目の選挙を分析すると，党組織が強く見え，選挙制度の影響が見えてこないが，3回目くらいから逆に選挙制度の影響が強く見えてくる。それに加え，改革への対応の仕方は必ずしも同一ではなく，大衆政党の対応と包括政党の対応とでは違うということもある。元の党組織による経路依存が見えるということだ。最もはっきりした事例は，イタリアと日本が同時に非常に似ている選挙制度を採択したが，違う結果を生んだことであろう。改革前のイタリアは比例代表制であったので，右派政党と左派政党は二つの連盟を作り，連盟内の各政党に，その政党の以前の得票数に比例して，勝てる予定の小選挙区を配分した。イタリアでは，こういうふうに「小選挙区を比例化」したし，有権者も連盟を重視して候補者を無視し，現職も自由に小選挙区を移動した。その上，選挙のたびに政権交代が起こり，選挙のための連盟も，政権のための連合も不安定であった。採用した選挙制度は似ていたが，元の党組織が違っていたため，日本と正反対の結果を生んだのである。

＊ 本稿を作成するにあたって，宮野 勝氏の助力を得たことに，感謝する。

参 考 文 献

1. Belloni, Frank, Mario Caciagli and Liborio Mattina (1979) "The Mass Clientelism Party : The Christian Democratic Party in Catania and Southern Italy". *European Journal of Political Research,* 7 : 253-275.
2. Browne, Eric C. and Dennis Patterson (1999) "An Empirical Theory of Rational Nominating Behaviour in Japanese District Elections". *British Journal of Political Science,* 29 : 259-289.
3. Carty, R. Kenneth (2002) "The Politics of Tecumseh Corners : Canadian

Political Parties as Franchise Organizations". *Canadian Journal of Political Science,* 35 : 723 – 745.
4. Curtis, Gerald L. (1999) *The Logic of Japanese Politics.* New York : Columbia University Press.
5. Reed, Steven R. (forthcoming) "Party Strategy or Candidate Strategy : How Does the LDP Run the Right Number of Candidates in Japan's Multi-Member Districts?" *Party Politics.*

第 3 章
動員されたボランティアとしての選挙運動

高 橋 尚 子

1. はじめに

　動員は,資源や指向などと同様に,選挙運動への参加に影響を与える要因の一つであると指摘されている(蒲島 1986,山田 2002;2004, Verba, Schlozman & Brady 1995, Burns & Verba 2001)。既存の研究においては,参加に必要な諸資源(時間,情報処理能力など)の有無,参加に影響を与える指向(政治的関心,党派性など)の有無,などが参加要因とされてきた。動員(あるいは勧誘)もこれらと同じく,政治参加を依頼されたことがあるか否かという経験の有無として議論されてきた。

　しかし,動員する人と動員される人とが存在し,他者が発端となっているという点において,動員は他の政治参加の要因とはその性質が異なる。動員は,関係する人々の間で依頼をするという援助要請とそれに答えるという援助授与により成立する。他者との関係性に目を向け,援助行動の理論を組み込むことで,動員という現象に対する理解を深めうるのではなかろうか。そこで本章では,動員の中でも「選挙運動の手伝い」に焦点をあて,援助行動,特にその一つとしてのボランティアという視点から検討することによって,動員に関する理解と人々の活発な政治参加とを促進する可能性を探る。

2. 動員としての選挙運動の手伝い

　動員という言葉の元来の意味は軍事的なもので，軍が何らかの計画を遂行するために必要な資源を投入することを意味するものであった。それが転じて国家や諸団体が，何らかの計画を遂行するうえで必要な資源を用いるという意味になった（三船 1991）。政治的な動員にも，投票依頼，選挙運動の手伝いの依頼，後援会への加入の依頼，公職の候補者になってもらうための依頼，党役職者になってもらうための依頼など，さまざまな種類がある。

　これらの中で，本稿は「選挙運動の手伝い」に焦点を絞る。選挙運動の手伝いは，参加のためのコストは高めで，動員による参加が多い活動だと指摘されている（山田 2004）。動員されたボランティアとして政治参加を考えるために適していると思われる。

(1) 政治参加と動員

　政治参加に関する研究の中で，参加と動員をどのように区別するかは必ずしも統一的な見解が出ているわけではない。Pranger（1968＝1972）は，政治参加の中に動員を含めていない。なぜならば，政治的主体としての市民を成立させる条件を「支持の代価ではない参加」とし，参加はあくまでも自立的なものであると位置づけているためである。それに対し，Milbrath（1965＝1976），Huntington & Nelson（1976），Verba, Nie & Kim（1978＝1981）は，動員による参加も政治参加に含めている。その理由として，動員参加と自主参加の実証的な区別が難しいこと，すべての政治システムにおいて動員と自主参加の両方が存在していること，動員参加も自主参加も政府の意思決定に何らかの影響を与えていることなどがあげられている。

　選挙運動の手伝いを援助授与ないしボランティアとして考えるときに，常に参加に自立性が必要だろうか。ボランティアは元来自発性や無償性が重視されたが，近年その解釈は変更されつつある。援助行動の対価として何も報酬が支

払われない無償ボランティアだけではなく，報酬が支払われる有償ボランティアが広がってきている（田中 1994）。また，ボランティアについて，その連帯性に焦点をあて，参加のきっかけや賞与の有無を問題にしない研究者（金子 1992）もいる。自発性・無償性に限定してしまうとボランティア活動の多様性をとらえられなくなっていると思われる。選挙運動の手伝いもその多くは動員によるものであるが，1993年の国民生活白書の中ではボランティア活動に位置づけられている。また，選挙運動の手伝いへの参加のきっかけは自立的ではなくとも，実際に参加することを通して参加意志が高まり，自立的な参加に転じることもありえる。これらを考慮し，本稿では，選挙運動の手伝いに関して，動員による参加も政治参加に含めて考える。

(2) 政治参加における「選挙運動の手伝い」の位置づけ

選挙運動の手伝いは，政治参加の中でどのような位置にあるのだろうか。Verba, Nie & Kim（1978 = 1981）が，各国[1]の政治参加のレベルを比較検討したところ，すべての国において投票のほうが選挙活動よりも参加率が高かった。日本における政治参加の1976年，1983年，1993年の時系列的変動について検討した山田（2002）の研究からも，同様の結果が得られている[2]。

Milbrath（1965 = 1976）[3]は，政治参加の形態を階層構造でとらえ，政治参加の諸行動を一次元に並べている。積極性，代償（コスト），負担能力が高い市民は上位の行動に加わり，上位の行動に加わる人たちはまた下位の行動にも加わる可能性があるものの，その逆は成立しないと想定されている。そして，投票や献金や政治集会に参加することは，選挙運動に直接参加することよりも下位の参加形態とされた。

Verba, Schlozman & Brady（1995）は，政治参加は一次元であると同時に多次元的な現象と見るべきであると論じ，基本的な「活動度」の次元にそって政治参加の諸行為を「投票参加（voting）」，「選挙活動への参加（campaign activity）」，「地域活動（communal activity）」，「個別的な接触（personal contact）」の4種類に集約した[4]。「選挙活動への参加（campaign activity）」は，

活動のために市民に要求される自発性の程度は投票よりも高く，選挙活動への参加は単なる投票よりも困難な活動とされた。

日本における市民の政治参加の構造は，三船（1999）[5]によると投票参加－選挙運動－個別接触－市民・住民運動と深化するパターンと，投票参加－選挙運動－市民・住民運動－個別接触と深化するパターンとがあるとされる。単純な一次元ではとらえられないことになろう。

選挙における投票率は比較的高い水準なのに対して，投票以外の政治参加についてはその「利用率」が非常に低い背景に，選挙における投票以外の政治参加の形態について，一種の「拒否反応」が日本人の間に根強くあるのではないかという指摘がある。西澤（2004）では，政治参加といったオフィシャルな行動には「できれば関わりたくない」という世間に共通した意識（参加拒否意識）が根底にある半面，投票参加に限っては何らかの理由でその距離感が縮められたために，その他の参加形態とのズレが生じたようだと考察し，投票と投票以外の参加の質的な違いを政治参加形態の「二重構造」[6]として説明している。「できれば関わりたくない」という意識が根底にありつつも，活動に参加する人が存在する背景には，動員の影響がある。「できれば関わりたくない」と思っていても，他者から頼まれた場合は選挙運動の手伝いに参加する人が出てくるのである。

日本での選挙運動の手伝いの位置づけを考えるには，投票以外の政治参加について検討した山田（2004）が有益である（表 3-1 参照）。山田（2004）は，JEDS2000調査で用いられた政治参加の15項目中の13項目を用いて，どの程度の人々が，それらの活動形態を経験したか（「経験率」），それらの参加行動に参加するように依頼されたか（「被依頼率」），それらの参加形態を今後やろうという意志を持っているか（「参加指向率」），それらの参加形態に関わりたくないと思っているのか（「参加忌避率」）を比較検討している。その結果，選挙運動の手伝いは約3割の人が経験しているが，参加を依頼される割合も2割と相対的に高い。選挙運動の手伝いを「やってみたい」と参加指向を示した人は1割弱であるのに対し，7割以上の人が「関わりたくない」と忌避傾向を示した。

山田が独自に作成した「動員参加比」(参加経験率を参加指向率で除し，1を減じた値。参加指向を持たずに(動員)参加している人々が参加指向者の何倍いるかを示す。)によると，選挙運動の手伝いには，参加指向者のほぼ3倍の人々が動員されて参加していることになる。投票以外の政治参加の中で，選挙運動の手伝いの参加経験者は比較的多いものの，参加指向を示す者よりも忌避傾向を示す者が多く，「関わりたくない」と思われている活動であり，しかも動員による参加が多いことがわかる。

表 3-1 ：投票外参加の参加率，依頼された経験，参加指向，参加忌避

投票外参加形態	参加率(A) %	順位	依頼経験(B) %	順位	参加指向率(C) %	順位	参加忌避率(D) %	順位	動員参加指標((A/C)-1)	順位
選挙運動の手伝い	30.1	3	21.7	4	7.7	7	73.7	8	2.9	2
投票依頼	27.0	6	23.9	2	8.3	6	75.6	6	2.3	4
後援会	27.3	5	22.1	3	6.5	9	77.0	5	3.2	1
党員	7.0	11	5.3	11	2.5	13	85.2	1	1.8	6
政党活動支援	11.1	9	8.5	8	4.4	10	82.1	2	1.5	8
政党・政治家の集会	28.4	4	18.4	5	7.5	8	74.4	7	2.8	3
議員に手紙や電話	4.2	13	3.5	12	2.8	12	80.9	3	0.5	10
役所に相談	13.8	8	6.0	10	10.9	5	60.5	9	0.3	11
請願書に署名	37.1	1	26.9	1	14.4	3	56.2	11	1.6	7
デモ・集会	10.4	10	7.5	9	3.7	11	79.7	4	1.8	5
住民投票	5.9	12	3.0	13	11.9	4	58.1	10	-0.5	13
地域ボランティア・住民運動	24.2	7	12.8	7	23.1	1	48.9	12	0.0	12
自治会活動	35.2	2	16.9	6	20.1	2	48.1	13	0.8	9

(N=1618)

出所)山田2004。

(3) 政治参加の説明要因と動員

次に，政治参加を説明するモデルの中での動員の位置づけを考えてみる。Verbaら(1995, 2001)は「投票を依頼(asked to vote)」，「投票以外の行動を

依頼（take other action）」，「'投票' もしくは '投票以外の行動' のどちらかを依頼（either vote or act）」について検討している。日本での研究としては，分析に用いたデータの中に長期にわたる動員についての設問がないため，「投票依頼」を動員の代用として用いている研究（山田 2002）や，活動に参加するよう依頼された経験の有無を尋ねる形で「選挙運動の手伝い」「投票依頼」「後援会」「党員」「政党活動支援」「政党・政治家の集会」への動員について調べている研究（山田 2004）をあげられる。本稿は，選挙運動の手伝いに注目するため，動員の中でも「投票依頼」のみを扱った山田（2002）ではなく，Verbaら（1995，2001）と山田（2004）を中心に，参加を説明するモデルを考えていく。

　Verbaらは，1972年の"Participation in America"の中で，政治参加のレベルに影響を与えているのは社会経済的資源レベル（SERL : Socio-Economic Resource Level）であると論じたのだが，後の1978年の"Participation and Political Equality"では社会経済的資源レベルと政治参加との間に所属集団と政治的関与という要因が関係しているというモデルを示した。つまり，社会経済的水準が政治参加に影響を与えつつも，個人の属する集団と政治的関与により政治参加への影響度が変化するということである。

　蒲島（1986）は，このモデルを用いて日本人の政治参加を検討したところ，Verbaら（1972）とは若干異なり，社会経済資源レベルが低くても参加のレベルが高くなることはありうるという結果が得られた。蒲島によると，日本の場合は農村部住民の社会経済的地位は相対的に低いがその政治参加度が高い。日本の状況は，Verbaら（1978＝1981）が示した '政治参加と個人資源の相関に対する集団の干渉' の4分類のうち，集団や組織が社会的地位の低い市民により開かれており，その集団の力が個人的な資源やモティベーションを凌駕し，持たざる者が持てる者より政治により参加するという，逆不平等のケースに当てはまるという。この状況についてVerbaら（1978＝1981 : 18-19）は，「個人としてはさほど活動的ではない市民が，集団のメンバーとなることによって政治に積極的となり，その個人的なモティベーションと資源によって，元来指導

的な参加者たるべき人間を凌駕してしまうのである」と論じている。図 3-1 は，以上のまとめである。

図 3-1：政治参加モデル

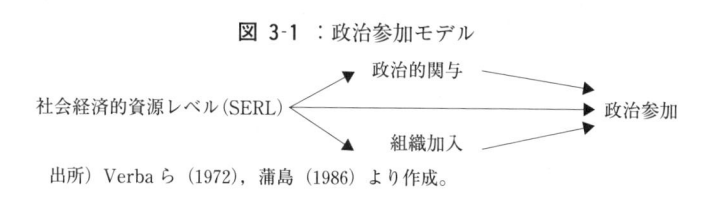

社会経済的資源レベル（SERL）→ 政治的関与 → 政治参加
                    → 組織加入 →

出所）Verba ら（1972），蒲島（1986）より作成。

これらは政治参加を説明するモデルであるが，のちに投票と投票以外の政治参加とに分けて参加行動を説明するモデルも提起されている。Verba ら（1995, 2001）は，投票外政治参加について説明する要因をリクルートメント（動員），資源（時間，金，社会的技術（"civic skills"）），政治的関与ないし指向（政治的関心や重要と思う問題への意見）の三つに要約している。山田（2004）はこれらに，党派性と参加経験を加えている。動員する側は，効果的な動員をするために目標を絞った限定的動員（targeting mobilization）をする。そして，限定的動員には何らかの党派性があると想定する。また，組織に所属することによって，個人単独では獲得しえない資源を利用し影響力を行使できるし，集団での経験が市民的技術を向上させうるとする。（組織加入は図 3-1 に加えられていたし，市民的技術は Verba ら（1995）では資源に組み込まれていた。対立するモデルではないので，両者をまとめて図 3-2 として示した。なお，ここでは党派性を指向

図 3-2：投票外参加モデル

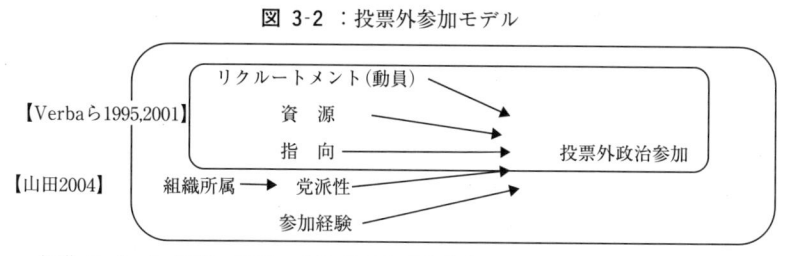

【Verbaら1995,2001】
 リクルートメント(動員)
 資　源
 指　向
【山田2004】
 組織所属 → 党派性
 参加経験
 → 投票外政治参加

出所）Verba ら（1995, 2000），山田（2004）より作成。

と分けている。）

　本稿は，投票外政治参加を説明する要因のうち動員を人々の関係から考えることを提案する。投票外政治参加を説明するモデルの中で，Verbaら（1995，2001）や山田（2004）があげている五つの要因のうち，動員は他の四つの要因とは質的に大きく異なる部分を含むと考える。たとえば，資源については時間などがあるか否か，指向については関心などがあるか否か，党派性については組織に所属しているか否か，参加経験については過去に参加した経験があるか否かが問題になる。いずれも当人の特性として考えることができる。しかし，動員だけは，他者からの参加の依頼という刺激によって発生する行動であるという点で大きく異なる。

　つまり，動員については「動員する人」と「動員される人」が存在する。「動員する人」は，他者に対して参加の依頼をすることによって彼らを選挙運動の手伝いに参加させるきっかけを作る。このとき，「動員する人」と「動員される人」の間で交わされる依頼と応答の行動は，心理学や社会福祉の分野で研究されてきている援助依頼と援助行動として考えることができる。選挙運動の動員について，援助行動の理論を導入することにより，動員のタイプ分けや，タイプによる動員の成功率などを検討でき，動員のメカニズムをより詳細に明らかにできるのではないか。

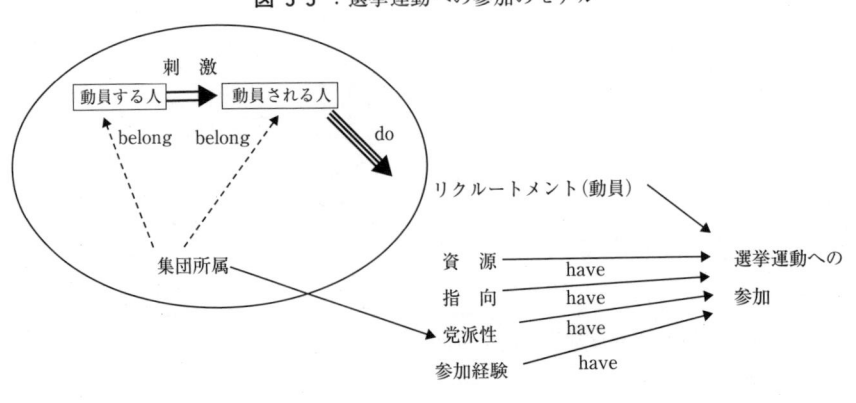

図 3-3：選挙運動への参加のモデル

なお，全く知らない人に対して参加依頼するよりも，知り合いに対して参加依頼をすることが多いため，「動員する人」と「動員される人」は何らか共通の集団に属していることも多い。この点を考慮し，先の図 3-2 に，動員のメカニズムを加え，図 3-3 として提示する。

3．援助行動（特にボランティア）としての選挙運動の手伝い

動員によって選挙運動の手伝いに参加することは，動員される人にとっては候補者を助ける行動であると同時に，動員した人を助ける行動と考えることができる。他者を助ける行動のことを心理学や社会福祉の分野では援助行動と呼びカウンセリングやボランティア活動の分野で研究が行われている。援助行動とは，「他者が身体的に，また心理的に幸せになることを願い，ある程度の自己犠牲（出費）を覚悟し，人から指示，命令されたからではなく，みずから進んで（自由意志から），意図的に他者に恩恵を与える行動である」（高木 1987）。ボランティアは，この援助行動の中の一つとして位置づけられるだろう。まず，選挙運動の手伝いを援助行動の一つであるボランティアとして議論することの妥当性について論じる。

(1) ボランティアの定義

選挙運動の手伝いは，1993年の「国民生活白書」の"ボランティア活動 活動メニュー"の中で『労働の提供』というカテゴリーに位置づけられている。ボランティアの概念と言葉が日本に入ってきたのは，基本的には戦後のことと考えられるが，一般的に知られるようになったのは1960年代以降である（森井 1994）。1995年の阪神・淡路大震災における活発なボランティア活動に伴い，「ボランティア改革」「ボランティア元年」という言葉も生まれ，ボランティア活動に対する関心も高まった。また，ボランティアをする契機となる環境が整備されたり，学問の世界でもさまざまな分野においてボランティアが取り扱わ

れたりし始めている。企業でも，ボランティア休職・休暇制度を設けて社員のボランティア活動を支援しているところもある。各種教育機関では，ボランティア活動を授業の一環としての取り組みも実施されている。ボランティアなどの活動は，自分たちの手で自分たちの社会をよくするための活動，自分たちの社会を構築する活動と考えることができ，それは民主政治が要求する参加と同一の意味を持つとも考えられる（小林 1997）。

(2) ボランティアとしての選挙運動の手伝い

賀来（1994）は，「ボランティア」の英語の原義は「自発的な意志に基づく行為者」のことであり，「ボランティア」はその行為者の「活動（activities）」であると定義できるだろうと述べている。ただし，以上はあくまでも語義的意味合いであり，現実にはより広いイメージでとらえられていて，一般的に「ボランティア活動」を定義することは難しいと指摘している。「ボランティア」という言葉は，わが国では，外来語として背景や思想を伴わずに輸入されてきたため，現在においてもボランティアについての明確な定義は持ち得ていない（小栗 2000）ともされる。

選挙運動の手伝いを援助行動の一つであるボランティアとして位置づけることの妥当性を議論するため，ボランティアの3原則に照らし合わせて考えてみる。ボランティアの3原則（吉田 1977）としては，自発性，連帯性，無償性があげられていた。自発性とは，みずから進んで始めるという動機に関するものである。連帯性とは，仲間同士や対象者との交流である。他者への関わりを強める活動のことで，あくまでも対等な水平のヨコの関係のことであり，自分のために行うのではなく，人のためや社会のために行う行動である。無償性とは，ボランティア活動が営利を目的としたものではなく，活動への報酬を受け取らないことである。近年では，この三つに加えて，従来の考え方にとらわれずに自由な発想やアイデアを活用して，方法や仕組みを創り出していく「創造性・開拓性・先駆性」も必要だといわれている（東京ボランティア・市民センター 2006）。

これらのボランティアの3原則を選挙運動の手伝いに対応させてみる。第一に，自発性である。選挙運動の手伝いにいたる道は，みずから選挙事務所や候補者などに働きかけて選挙運動に参加するという自発的な参加と，他者から依頼されて選挙運動に参加するという動員による参加の2種類がある。

第二に，連帯性である。選挙運動を手伝う人々の間では，基本的に水平のヨコの関係が前提となっており，連帯性という条件を満たしているといえるだろう。しかし，所属政党や当選回数や支持団体や地域性や選挙の種類などによっては，異なった関係性も入ってくる。たとえば選挙陣営の組織化が進んでいるところでは，意思決定や活動の指揮監督を行う中心的な参加者が存在しがちである。その場合，中心的な参加者とその指示で行動するそれ以外の参加者との間では，タテの関係が生じやすくなる。

第三に，無償性である。選挙運動の手伝いは，無償性の行動と思われがちだが，実際には有償と無償の両方が存在すると考える。

金銭を対価とする選挙運動の手伝いは法律で禁じられており，選挙運動の手伝いは原則として無償の活動である[7]。しかし，党の関係者や組合関係者や秘書たちの中には，職場から選挙事務所に派遣されて働き，その労働の対価として本来の勤務先から給与が支払われていることもありうる。このようなケースは法的にはともかく，研究という立場からは無償とはいいがたい面がある。

もともとボランティア活動は「無償性」を原則としてきたため，有償ボランティアという用語は使うべきではないという議論もあった（岡本 1986）。しかし，田中（1994）によると，1993年の中央福祉審議会での地域福祉専門分科会の意見具申「ボランティア活動の中長期的な新振方策について」の中で[8]，有償ボランティアが初めて日本でも公に受け入れられた。また，近年ボランティア活動に対して何らかの報酬が支払われる有償ボランティアが増加してきており（碓井 1995），無償性ではない形でのボランティア活動も浸透し始めているようだ。玉木（2000：83）によると，実際の場で活動する人にとってボランティアは，枠にとらわれずに行動をすることを求められるため，3原則からはみ出すことが多く見られるようである。よって，選挙運動の手伝いは，すべての場

合においてボランティアの3原則に当てはまるとはいいがたいものの，選挙運動の手伝いを援助行動の一つであるボランティアとして位置づけることは，充分可能であろう。

4．援助要請と援助授与の構造

　動員による選挙運動の手伝いを，援助行動の概念から考えてみる。援助行動は，援助を与える可能性のある者（潜在的援助者）と援助を受ける可能性のある者（潜在的被援助者）との間で成立する一つの型の対人行動と考えられ，援助行動の生起過程に関するモデルは，援助要請と援助授与の二つの過程が含まれている。選挙運動の手伝いにおける動員も同様に，「動員する人」と「動員される人」との間での援助要請と援助授与とを想定できるだろう。

(1) 援助要請

　選挙運動の手伝いに参加するうえでの援助要請の形態は，候補者が直接他者に選挙運動の手伝いに参加するように頼む『①候補者からの直接動員（図3-4）』，候補者が依頼した仲介役が他者に対して選挙運動の手伝いに参加するように頼む『②候補者からの間接動員（図3-5）』，候補者が依頼していないにもかかわらず独自に動員を行う『③候補者以外の者からの独自動員（図3-6）』の3タイプがあると考えられる。実際の選挙運動の手伝いへの参加を考えると，これらの複合型（たとえば，候補者からの直接動員（図3-4）と候補者が第三者に依頼して行う間接動員（図3-5）の両方が行われる場合など）もある。

　3タイプのそれぞれについて，援助要請の形態に着目し，「動員する人」と「動員される人」の関係について考える。『①候補者からの直接動員（図3-4）』の場合は，候補者が直接他者Xに選挙運動の手伝いに参加するように頼むため，候補者が「動員する人」，Xが「動員される人」になる。候補者はXに"選挙運動の手伝いをする"という援助を要請し，それに対しXは援助を授与するか否か決定することになる。

『②候補者からの間接動員（図 3-5 ）』の場合は，候補者が依頼した仲介役が他者に対して選挙運動の手伝いに参加するように頼むため，候補者が「動員を依頼する人」，Xが「動員する人」，Yが「動員される人」になる。ここでは，"選挙運動の手伝いへの依頼を他者Xに依頼" するのと "実際に選挙運動の手伝いを他者Yに依頼" するという二つの援助要請（および援助授与）が共存している。まず，候補者はXに対して "選挙運動の手伝いにYが参加するように依頼" をする。そして，Xが候補者の援助要請に応じた場合，XからYに対して "実際に選挙運動の手伝いに参加依頼" をすることになる。

『③ 候補者以外の者からの独自動員（図 3-6 ）』の場合は，候補者が依頼していないにもかかわらず独自に動員を行うため，Xが「動員する人」，Yが「動員される人」になる。ただし，実際の選挙運動の手伝いの場面では，候補者が依頼していないのに他者Xが他者Yを動員しても，受け入れる側の候補者が参加を拒むこともある。

選挙運動の手伝いへの動員は，全く知らない人との間で行われることはまずない。候補者と「動員される人」の間を何人もの人間が介在する場合もあるが，そのような場合，共通の知り合いを介して動員が行われる。候補者が第三者を介して動員する場合は，候補者とYが知り合いではなくても，仲介役のハブになる人物（図 3-5，図 3-6 の場合のX）がいれば動員することが可能となる。

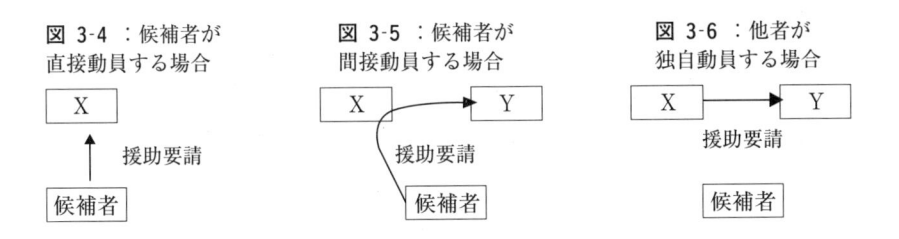

図 3-4 ：候補者が
直接動員する場合

図 3-5 ：候補者が
間接動員する場合

図 3-6 ：他者が
独自動員する場合

(2) 援助授与

　現実の選挙運動の手伝いの場面について考えると，選挙運動の手伝いをする人を集めたい候補者は，直接他者に参加依頼をすることに加えて，その人に他にも選挙運動の手伝いをする人を誘うように依頼する場合が少なくない。そこで，『①候補者からの直接動員（図 3-4 ）』と『②候補者からの間接動員（図 3-5 ）』の両方の援助要請が行われた場合（図 3-7 ）について考えておく。

　選挙運動の手伝いにおいて「動員する人」と「動員される人」との間で，援助要請を受け入れた結果として生じる援助授与について，以下のように考えられる。候補者が直接他者に選挙運動の手伝いに参加するように頼む『①候補者からの直接動員（図 3-4 ）』は，候補者との1対1の関係で選挙運動の手伝いという援助授与が候補者にもたらされる。しかし，候補者が依頼した仲介役が他者に対して選挙運動の手伝いに参加するように頼む『②候補者からの間接動員（図 3-5 ）』は，1対1の関係だけではなくなる。

　候補者がXに対して選挙運動の手伝いに参加するよう動員し（①候補者からの直接動員），尚且つ候補者がXに対してYを選挙運動の手伝いに参加させるように依頼した場合（②候補者からの間接動員）は，図 3-7 のように表現できる。まず，Xは自分が選挙運動を手伝うか否かを決める。次に，候補者からのYを動員するという援助要請に対して，XはYを動員するか否かを判断する。その場合，Xが「動員する人」，Yが「動員される人」になる。Xからの援助要請に対して，Yは援助授与するか否か決定する。

　図 3-7 のケースにおける援助授与は図 3-8 のように表すことができる。簡単に目に見える状態での援助授与は，"候補者の選挙運動の手伝いをするという行動（図 3-8 の援助授与A）"である。しかし，動員による参加という観点から考えると，候補者が依頼した仲介役が他者に対して選挙運動の手伝いに参加するように頼むという関係上，"候補者と仲介役のXとの間の援助授与（図 3-8 の援助授与C）"，"仲介役のXと動員され参加した人のYの間の援助授与（図 3-8 の援助授与B）も存在する。

Xは，候補者に対して2種類の援助授与を行うことになる。Xにとっては，自分が選挙運動の手伝いに参加するという援助授与（図 3-8 の援助授与A）と，Yを選挙運動に動員させるという援助授与（図 3-8 の援助授与C）である。Yも，Xと候補者の両方に対してそれぞれ異なる形の援助授与を行う。Yにとって，自分が選挙運動の手伝いに参加することが，候補者に対しての援助授与（図 3-8 の援助授与A）になる。さらに，候補者に対して援助授与するという行動が，自分を動員したXに対する援助授与（援助授与B）になる。

図 3-7：直接動員と間接動員の援助要請

```
            候補者からの間接動員
              （援助要請B）
       ┌─────┐          ┌─────┐
       │  X  │ ───────→ │  Y  │
       └─────┘          └─────┘
   他者を参加させる    候補者からの直接動員
    （援助要請C）        （援助要請A）
             ┌───────┐
             │ 候補者 │
             └───────┘
```

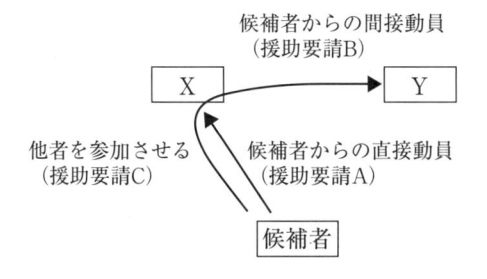

図 3-8：援助授与の実態

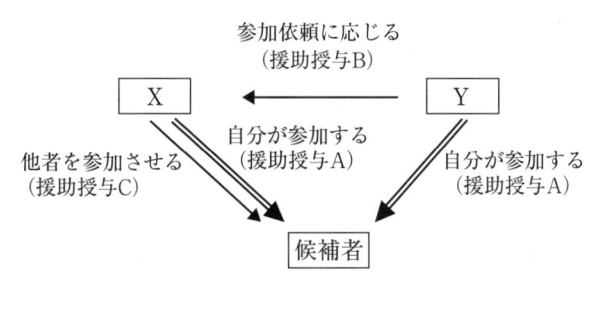

```
              参加依頼に応じる
               （援助授与B）
       ┌─────┐   ←───────   ┌─────┐
       │  X  │               │  Y  │
       └─────┘               └─────┘
   他者を参加させる  自分が参加する    自分が参加する
    （援助授与C）   （援助授与A）    （援助授与A）
             ┌───────┐
             │ 候補者 │
             └───────┘
```

目に見える援助授与　⟹

目に見えない援助授与　→

5. どのようなときに選挙運動を手伝うのか

どのようなときに選挙運動の手伝いを行うのかについて，援助行動の心理学的基盤である報酬とコストの関係に目を向けた社会的交換理論（social exchange theory）を通して論じる。また，選挙運動の動員は同じ所属集団の人からの援助行動が多いという点から，社会関係資本の「結合型」と「橋渡し型」のどちらが援助授与を生じやすいかを検討する。

(1) 報酬とコスト

社会的交換理論は，人間の社会行動や対人間の相互作用を報酬とコストという観点から説明しようとする理論である〔たとえば Homans（1910＝1959）〕。それによれば，一般的に対人関係は，そこから得られる報酬を最大に，コストを最小にという原則によって方向付けられている。たとえば援助に伴う報酬とコストを比較し，コストが小さいほど援助が起こりやすい。援助をすると仮定した場合の援助コスト（時間，労力，危険性など）と援助報酬（自尊心の高揚，賞賛，謝礼など）だけでなく，援助をしないと仮定した場合の非援助コスト（非難，焦燥感，良心の呵責など）と非援助報酬（身の安全，時間的余裕など）の検討も行われると考えるのである。

この報酬とコストの関係を重視する社会的交換理論を，動員による選挙運動の手伝いに応用する。合理的な人間は，強制されるか，何らかの個人的メリット（「選択的誘因」）が得られなければ，組織のメンバーにならず，他者の努力にただ乗りする人（フリーライダー）が増えるであろう〔Olson（1965）〕。選挙運動の手伝いに関しても，報酬とコストを比較してメリットが多いと判断された場合に，より高い参加が望めるだろう。第三者を介した選挙運動の手伝いへの動員は，3節（図 3-7・図 3-8 ）で論じたとおり，「動員する人」と「動員される人」との間の援助行動（選挙運動の手伝いに参加するよう頼まれたことに応じる）であると同時に「動員される人」が「候補者」に対して行う援助行動（実

際に候補者の選挙運動の手伝いをする)でもある。よって,報酬とコストについても,「動員する人」と「動員される人」との1対1関係のみ考えているわけではなく,「候補者」との関係も影響しているはずであろう(援助要請も援助授与もA～Cの3種類になる)。動員としての選挙運動の手伝いを考える中で,援助要請に対して援助授与するか否かを決める要因である報酬とコストは,「動員する人」と「動員される人」の関係だけではなく,「候補者」を含めた3者間(何人もの人が介在する場合,それ以上)の関係で検討する必要がある。

(2)「結合型」と「橋渡し型」

　選挙運動の手伝いは,全く知らない人に対して参加依頼するとは考えにくい。既存の知り合いに対して参加依頼をするとなると,「動員する人」と「動員される人」はたいてい現在何らか共通の集団に属しているという関係や,過去に共通の集団に属していたことがあるという関係で結ばれている。それは,政治団体や労働組合のような政治色の強い集団や,ボランティア団体や趣味の団体,同窓生や職場のような政治色の弱い団体など多種多様であろう。選挙運動の手伝いに参加するか否かを判断するときに考える報酬とコストは,「動員する人」と「動員される人」との個人間の関係に加えて,所属集団との関係も考慮する必要があるだろう。

　組織への加入が政治意識にもたらす影響として,社会関係資本という概念(Coleman 1990　Putnam 1993)がある。社会関係資本とは,社会的ネットワーク・規範・社会的信頼を含む包括的な構成概念である。社会関係資本は社会的な集団や組織の中に見出され,それらを活用することによって,人々に相互的な利得(mutual benefit)を獲得させるための協調と調整が促進されると考えられる(池田 2000)。Putnam (2000)によると,社会関係資本は,結合型の社会関係資本(Bonding-Capital)と橋渡し型の社会関係資本(Bridging-Capital)の2種類に分けられる。結合型の社会関係資本(Bonding-Capital)」は,組織の内部における人と人との同質的な結びつきに基づき,内部で信頼や協力,結束を生むものである。しかし,逆にその組織以外の人に対しては排他的にな

り，異質な他者を排除する方向で作用する。これに対して，橋渡し型の社会関係資本（Bridging-Capital）は，異なる人や集団を結びつける方向で作用し，一般的互酬性と一般的信頼に基づくオープンなものである。ここでは，動員による選挙運動の参加を，社会関係資本の種類によって援助授与のしやすさがどのように変わるかという観点から検討する。

　先に述べたように，選挙運動の手伝いへの動員は，候補者が直接他者に選挙運動の手伝いに参加するように頼む『①候補者からの直接動員（図3-4）』と，候補者が依頼した仲介役が他者に対して選挙運動の手伝いに参加するように頼む『②候補者からの間接動員（図3-5）』とがある。『①候補者からの直接動員（図3-4）』は，「候補者」と「動員される人」との2者関係で行われる行為であり，『②候補者からの間接動員（図3-5）』は，「候補者」と「動員される人」と「第三者（複数の場合もありうる）」との3者以上で行われる行為である。以下，『②候補者からの間接動員（図3-5）』に焦点を絞って論じる。

　選挙運動の手伝いへの『②候補者からの間接動員（図3-5）』は，「候補者」と「動員する人」・「動員される人」がすべて同じ集団（集団α）に属している場合（図3-9，10）と，異なる集団（集団α, β）に属している場合（図3-11）とに分けることができる。もちろん，その中間型として，「候補者」と「X」と「Y」が，それぞれ2人ずつ別々の集団（集団α, β, γ）に所属しているパターンなどがある（付録参照）。ここでは代表的なケースについて論じるため，以下では中間型についての議論は行わず，候補者と動員された人が同じ集団に属

図3-9：候補者と動員された人が同じ集団に属している場合（間接動員）

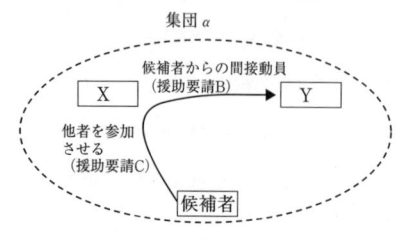

図3-10：候補者と動員された人が同じ集団に属している場合（直接，間接動員）

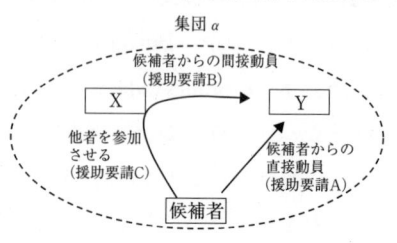

している場合（図 3-9，10）と，異なる集団に属している場合（図 3-11）の二つのパターンについてのみ論じる。基本的な特徴をとらえるため，以下の議論はごく単純なケースを仮定する。（たとえば，過去に共通の集団に属していたことがあるという関係なども，話が複雑になるので，ここでの議論では除外する。）

「候補者」と「動員される人」が同じ集団に属している場合（図 3-9，10）は，候補者と動員される人は知り合いであると仮定する。その場合でも，"候補者が依頼した第三者による間接的な動員"のみが行われる場合（図 3-9）と，"候補者による直接的な動員"と"第三者による間接的な動員"の両方が行われる場合（図 3-10）の2種類がある。候補者がXに対して，Yを選挙運動の手伝いへ動員する援助要請を行ったとき，Yにとって，所属する集団（集団α）が結合的な社会関係資本を提供する場合は，すでに集団内で信頼や協力の態勢があるという点で，選挙運動参加のコストが低く参加しやすい。その上，Yが選挙運動の手伝いに参加したくなくても，内部の人間同士で結束しているため，選挙運動の手伝いに参加しないために被る非参加コストが高くなる。逆に，所属する集団（集団α）が橋渡し型の社会関係資本を中心とする場合，結合型の社会関係資本を提供する場合よりも参加のコストが高くなり非参加コストが低くなる。よって，「候補者」と「動員される人」が同じ集団に属している場合は，結合型の社会関係資本のほうが橋渡し型の社会関係資本よりも援助授与しやすいと考えられる。

図 3-11：候補者と動員された人が異なる集団に属している場合（間接動員）

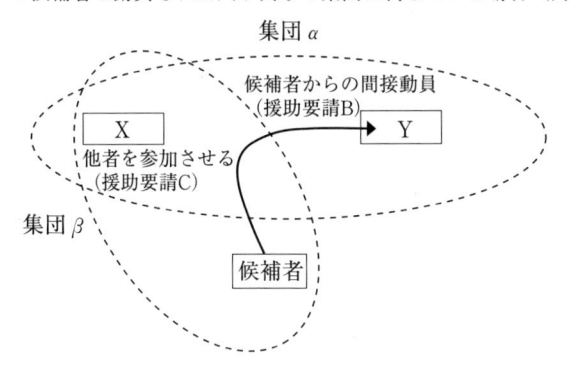

次に,「候補者」と「動員された人」が異なる集団に属している場合(図 3-11),両者は直接の知り合いではないと仮定する。すると直接的な動員が行われることはなく,第三者を介しての間接的な動員のみが行われる。候補者がXに対して,Yを選挙運動の手伝いに動員するように援助要請Cを行ったとき,Yにとって,候補者とXが所属する集団(集団β)が結合的な社会関係資本を中心とする場合は,組織以外の人Yに対して排他的になるために参加に必要なコストが高くなる。しかし,候補者とXが所属する集団(集団β)が橋渡し型の社会関係資本を提供する場合,外部の人々に対してオープンな体制であるために集団外のYでも入りやすく,参加のコストが低くなる。よって,「候補者」と「動員される人Y」が異なる集団に属している場合は,集団βが結合型の社会関係資本を提供する場合よりも橋渡し型の社会関係資本を中心とする場合のほうが,動員されやすいだろう。

6. まとめ

本稿は,選挙運動の手伝いを説明するモデルを動員の観点から再考した。選挙運動の手伝いへの動員を,他者への援助要請とそれに対する援助授与と位置づけ,援助行動の理論から検討することの妥当性について検討した。そして,選挙運動の手伝いに関して複数の動員のタイプがあるということと,そのタイプにより動員のされやすさが異なることを論じた。また,選挙運動の手伝いへの援助要請や援助授与は,「動員する人」と「動員される人」との間の関係だけではなく,「候補者」との関係についても検討する必要があることを指摘した。「候補者」と「動員される人」とが同じ集団に属している場合は,集団が結合型の社会関係資本を提供するほうが橋渡し型の社会関係資本を提供する場合よりも援助授与しやすく,異なる集団に属している場合は結合型の社会関係資本よりも橋渡し型の社会関係資本のほうが援助授与しやすいなどと議論できることを示した。

今後の課題としては,参加の動機や援助行動の意思決定過程など,援助行動

の理論を通した議論を深めることや，実際の選挙を通しての検証を進めることをあげられる。また，本稿では「動員した人」と「動員された人」がどのようなつながりなのかに着目したが，選挙運動の手伝いをする集団で形成されているネットワークの形態と「動員された人」との関係性も注目に値する。

1) 比較されたのは，オーストラリア，インド，日本，オランダ，ナイジェリア，合衆国，ユーゴスラビアの7か国である。
2) 山田（2002）は，投票以外の参加について共通の質問項目を持っているJABISS, JES, JESⅡの三つのデータを用いて，日本人の政治参加に関するデータを整理し，過去5年間の参加経験を調べている。それによると，投票と比べ，投票以外の政治参加はどれも参加したことがある人が少ない。また，選挙運動参加は，献金・カンパよりは参加経験者が多いものの，投票率と政治集会参加に比べると参加経験者が少なく，76年8.3%，83年17.1%，93年6.8%と非常に低い状況が続いている。
3) 政治的に活動する者を，「どれほど」活動的かという活動の程度によって分けている。階梯の基礎となっているのは，その行動に加わっているアメリカ人の百分率であり，あくまでもある特定期間のアメリカ市民の政治参加の階層構造である。
4) 蒲島（1988）は，全体で15項目の政治参加の行為類型を因子分析によって，「投票」，「選挙運動」，「地域・住民運動」の三つの次元にまとめた。「過去5年間に選挙運動に参加」という政治参加パターンは「選挙運動」と「地域・住民運動」の二つの次元に重なっていた。その原因として考えられるのは，地域・住民運動や市民運動に活発な人が特定の政党や候補者の選挙運動に参加しているからではないかと述べている。また，役職者に接触したかどうかの質問項目を含んでいないため，Verbaらの抽出した「個別接触の次元」は抽出されなかった。これらの政治参加の三次元は，必ずしもMilbrath（1965＝1976）の一次元的な政治参加の構造を否定したわけではない。
5) 三船（1999）は，1976年のJABISS調査と1983年のJES調査における政治参加に関する市民の回答から，クラスター分析により四つのモードを確認し，市民の政治参加の構造を抽出した。
6) 西澤（2004）は，「参加の機会が保証され，そして参加の必要性を感じたとき，人は政治的解決手段としての政治参加の権利を行使するものである」という前提のもとで，これまでの欧米の政治参加の議論が進められてきた感があるが，日本の有権者の中には「関わりたくない」という感覚があり，それが政治参加を抑制しているのであれば，欧米流の政治参加理論をそのまま日本に当てはめるわけにはいかないとも論じている。
7) ただし，選挙運動期間中の街宣車運転手やウグイスなどの一部の活動は（人員

数や支払う金額など制限があるものの),金銭授受が認められている。
8) 地域福祉専門分科会の意見具申「ボランティア活動の中長期的な新振方策について」の中で,「このような活動が,助け合いの精神に基づき,受け手と担い手との対等な関係を保ちながら謝意や経費を認め合うことは,ボランティアの本格的な性格から外れるものではないと考える」と記してある。

参 考 文 献

1. Burns, Nancy, Kay, Lehman, Schlozman, and Sidney Verba., *The Private Roots of Public Actions : Gender, Equality, and Political Participation*. (Cambridge : Harvard University Press, 2001)
2. Coleman, J.S., "Social capital in the creation of human capital", *American Journal of Sociology*. 94 (1988) pp. 95 – 120.
3. Granovetter, M., "Strength of weak ties." *American Journal of Sociology*. 83 (1973) pp. 1420 – 1443.
4. 平野浩 (2002)「社会関係資本と政治参加―団体・グループ加入の効果を中心に―」,『選挙研究』第17号,19 – 30ページ。
5. Huntington, Samuel, P. and Joan, M. Nelson, *No Easy Choice : Political Participation in Developing Countries*. (Cambridge : Harvard University Press, 1976)
6. Homans, G.C., *The Human Group*. (Routledge & K. Paul Press, 1910)〔=馬場明男,早川浩一訳 (1959)『ヒューマン・グループ』誠信書房。〕
7. 池田謙一 (2002)「2000年衆議院選挙における社会関係資本とコミュニケーション」,『選挙研究』第17号,5 – 18ページ。
8. 岡本真一郎 (1986)「依存の言語的スタイル」,『実社心研』第26号,47 – 56ページ。
9. Olson, Mancur, *The Logic of Collective Action*. (Cambridge : Harvard University Press. 1965)
10. 小栗俊之 (2000)「ボランティア行動における動機付け理論」,『文教女子大学研究紀要』第2巻1号,79 – 100ページ。
11. 蒲島郁夫 (1988)『政治参加』東京大学出版会。
12. 金子郁容 (1992)『ボランティア―もう一つの情報社会―』岩波書店。
13. 賀来健輔 (1994)「ボランティア活動と市民参加・住民自治」,『法学研究年報』第24号,335 – 369ページ,日本大学大学院。
14. 経済企画庁 (1993)『国民生活白書―豊かな交流・人と人のふれあいの再発見―』大蔵省印刷局 (URL は, http : //wp.cao.go.jp/zenbun/seikatsu/wp-pl 93/wp-pl 93-000 m 1.html)
15. 西澤由隆 (2004)「政治参加の二重構造と『関わりたくない』意識―Who said I wanted to participate ? ―」,『同志社法学』第296号,1 – 29ページ。
16. 三船毅 (1999)「政治参加の計量分析―政治的動員の構造―」,『コミュニティ

政策学部紀要』第2号，147-169ページ。
17. 三船毅（2008）『叢書21COE-CCC多文化世界における市民意識の動態33　現代日本における政治参加意識の構造と変動』慶応義塾出版会。
18. Milbrath, Lester W., Political Participation. (Rand McNally, 1965)〔＝内山秀夫訳（1976）『政治参加の心理と行動』早稲田大学出版部。〕
19. 森井利夫（1994）「ボランティア―これまでとこれから―」，森井利夫編著『現代のエスプリ　ボランティア』。
20. Putnam, R. D., "Making democracy work : Civic traditions in modem Italy" (Princeton University Press. 1993)〔＝河田潤一訳（2001）『哲学する民主主義：伝統と改革の市民的構造』NTT出版。〕
21. Putnam, R. D., *Bowling Alone : The Collapse and Revival of American Community*. (New York : Simon and Schuster. 2000)
22. Pranger, Robert J., *The eclipse of Citizenship*. (New York : Holt, Rinehart and Winstone, Inc. 1968)〔＝佐藤瑠威他訳（1972）『現代政治における権力と参加』勁草書房。〕
23. 高木修（1987）「順社会的行動の分類」，『関西大学社会学部紀要』第18巻2号，67-114ページ。
24. 高木修（1998）『人を助ける心―援助行動の社会心理学―』サイエンス社。
25. 田中尚輝（1994）『高齢化時代のボランティア』ブロンズ新社。
26. 東京ボランティア・市民活動センター（2006）『ボラ市民ウェブ』。（URLは，http : //www.tvac.or.jp/page.cgi?page=hajime_gensoku）
27. 山田真裕（2002）「政党動員」，樋渡展洋・三浦まり編『流動期の日本政治――失われた十年の政治学的検証――』東京大学出版会。
28. 山田真裕（2004）「投票外参加の論理――資源，指向，動員，党派性，参加経験――」，『選挙研究』第19号，85-99ページ。
29. 吉田久一（1977）「仏教とボランタリズム」，『仏教福祉』第5号，4-33ページ。
30. Verba, Sidney, and Nie, Norman H., *Participation in America*. (NewYork, Harper & Row. 1972)
31. Verba, Sidney, Nie, Norman H. and Kim, J. O., *1978 Participation and Political Equality*.〔＝三宅一郎，蒲島郁夫，小田健訳（1981）『政治参加と平等』東京大学出版会。〕
32. Varba, Sidney, Kay, Lehman, Schlozman, and Henry, E. Brady, *Voice and Equality. : Civic.*
33. *Voluntarism in American Politics*. (Cambridge : Harvard University Press. 1995)

付　録
中間型のうち，動員される人（Y）が候補者から頼まれた第三者（X）から援助

要請をされるが，候補者からは援助要請されないパターン（図 3-12）と，動員される人（Y）が候補者と第三者（X）の 2 人以上から援助要請されるパターン（図 3-13）を図示した。さらに，X は候補者に頼まれていないものの，Y に対して援助要請をする場合もある。

図 3-12：中間型で間接動員のみ行われる場合

図 3-13：中間型で直接動員と間接動員の両方が行われる場合

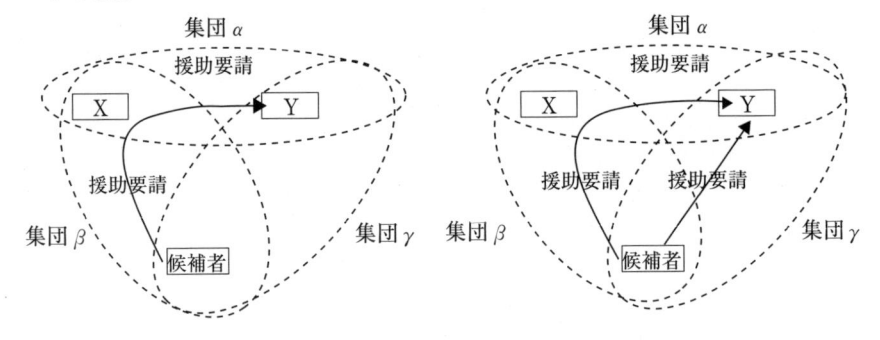

※ 本章は『中央大学社会科学研究所年報』第10号（中央大学社会科学研究所，2006年 6 月）収載「動員されたボランティアとしての選挙運動」に一部修正を施したものである。

第 4 章
住民投票の研究
──賛否の行動をめぐる自治体間比較──

塩 沢 健 一

1. はじめに

　「人」に対して投票する選挙の場合と異なり，住民投票では通常，単一の政策課題に対して"yes or no"の形で投票することを有権者は求められる。このような最も単純な投票形式であるがゆえに，住民投票における投票行動には，通常の選挙との比較において一定の差異が見られるが，その一方で，選挙と似て非なる部分も散見される。選挙研究の分野と比較して，利用可能なデータは圧倒的に少ないものの，住民投票研究の分野においても，これまでにいくつかの実証的な研究がなされてきた。

　そのような研究の蓄積に貢献すべく，筆者はこれまでに，広島県府中町，大阪府高石市，埼玉県蓮田市・白岡町・菖蒲町，山口県岩国市の各地で，住民投票に関する郵送調査を実施してきた[1]。これらのデータを用いて本章では，事例間・自治体間の比較を通して，住民投票における投票行動，とりわけ賛否の行動に関する分析を試みたい。各調査における調査対象者数は一定ではないため，自治体ごとにサンプル数にはばらつきがあり，また一連の調査で継続的に設けた質問項目に関しても，設定した選択肢の種類などは調査によって微妙に異なる場合もあり，それらの点において，事例間比較には一定の限界が伴うことは述べておかねばならない。加えて何より，個々の事例によって住民投票を

取り巻く背景はさまざまであり，困難の付きまとう作業ではあるが，我が国の住民投票研究における新たな試みの一つとして，ここで取り組んでおきたい。

本章では種々の政治意識の中から，政党支持，行政に対する満足度，首長に対する業績評価の3種類に着目して，賛否の行動との関係性を探ることとする。政党支持に関しては，府中町で調査を実施した2002年から岩国市で調査を行った2006年までの間に，政党の離合集散はある程度あったものの，その間常に政権与党の座にあった自民党には組織の変更等は一切ないため，ここでは自民党支持か否かという点に着目したい。また，残りの2種類に関しては，各自治体の行政に対する満足度，および首長に対する業績評価について，それぞれ5点尺度で尋ねた設問をもとに，分析を行う。

政治的情報と投票行動との関係については，組織・人物による働きかけ，および住民投票に際して参考にした情報源と投票行動との関連を見ていくこととする。働きかけに関しては，首長や議員らが事前に賛否の意思を表明するケースが少なくなく，しばしば主導的な役割も果たしており，また家族や知り合いとの議論なども，投票行動を決定するうえで重要な要因となりうる。他方，情報源に関しては，情報の発信主体やその形態によって賛否の行動に及ぼす影響は異なり，加えて，マスメディアからの注目度の違いなども興味深いポイントとなる。

それらの分析の後，同一の合併パターンをめぐって住民投票を同日実施した蓮田市・白岡町・菖蒲町の調査データを用いて，さらに詳細な分析を試みる。「平成の大合併」をめぐっては数多くの住民投票が実施されたが，その中で，3市町村以上で住民投票を同日実施したケースでは，すべての自治体で「賛成多数」が出揃った事例が一つもなく，蓮田・白岡・菖蒲の住民投票もその一例である。新市名称や新市庁舎位置など合併後の青写真を示した「新市建設計画」に対する感情と賛否の行動との関係性に着目しながら，分析を行う。

2．政治意識と投票行動

以下に示す各分析においては，合併関連の事例であれば，反対投票を1，賛成投票を0としたダミー変数を従属変数とする[2]。また，岩国市のケースについては，賛否の行動のほかに，住民投票の争点となった米軍移駐案について「白紙撤回」「条件付受け入れ」のいずれを求めるのかについて尋ねている[3]。この対立軸についても，「賛成」「反対」の対立軸と同様に，同市の事例では重要となることから，白紙撤回を求める人を1，条件付受け入れを求める人を0とした「白紙撤回ダミー」，ならびに，住民投票で反対票を投じた人を1，賛成投票もしくは棄権した人を0とする「反対ダミー」の2種類のダミー変数を，従属変数として採用することとする。

これらのことを前提としたうえで，具体的な分析に入っていきたい。

(1) 政党支持と賛否の行動

住民投票では「政策」に対して直接投票するため，通常の選挙のように「候補者」はおらず，したがって，政党ラベルのような有益な情報が存在しない。しかしながら，住民投票にかけられる政策争点はしばしば党派性を帯びたものであり，海外の国民投票について比較分析を行った LeDuc（2002, 722）が指摘するように，政党のとる（推進・反対等の）立場は，住民投票における争点が浸透する最中であれ，住民投票運動の期間中であれ，有権者にとって利用可能な最も強力な情報源の一つとなる[4]。

これまで地方レベルでのみ行われてきた我が国の住民投票では，国レベルで実施される海外の国民投票と異なり，個別の住民投票において各政党が明確な立場を表明することは稀である。ただ，筆者が調査を行った4件の住民投票で問われたのは「市町村合併」と「基地問題」であり，市町村合併に関する住民投票についていえば，「平成の大合併」は政権与党の政策として政府が強力に推し進めたものである。また，岩国市の事例でテーマとなった米軍再編につい

表 4-1：政治意識と合併賛否の投票行動に関するロジット分析：合併3事例
＜従属変数＝「合併反対」＞

	府中町	高石市	蓮田市	白岡町	菖蒲町
定 数	-2.404***	4.261***	-.068	.293	-.371
年 齢	-.027***	-.011	-.002	.008	-.009
男 性	.308*	.116	-.046	-.486*	-.393
自民党支持	-.509**	-.509**	-.678**	-1.333***	-.632**
行政満足度	1.087***	.588***	.161	.405**	-.110
首長に対する業績評価		-1.408***	.068	-.774***	.620***
N	728	695	292	325	311
-2 log likelihood	830.287	558.782	392.270	358.191	389.129
カイ2乗	155.596***	155.750***	9.839*	36.296***	26.572***
Cox & Snell R2乗	.192	.201	.033	.106	.082
Nagelkerke R2乗	.259	.313	.044	.150	.111

***1％水準で有意　**5％水準で有意　*10％水準で有意
注）府中町では業績評価に関する設問を設けていない。

表 4-2：政治意識と態度形成および投票行動に関するロジット分析：岩国市

従属変数：	白紙撤回ダミー	反対ダミー
定 数	-2.414***	-2.350***
年 齢	.006	.011
男 性	-.271	-.490**
自民党支持	-1.131***	-1.191***
行政満足度	-.064	-.013
首長に対する業績評価	.815***	.969***
N	622	648
-2 log likelihood	719.998	625.470
カイ2乗	141.634***	186.409***
Cox & Snell R2乗	.204	.250
Nagelkerke R2乗	.272	.350

***1％水準で有意　**5％水準で有意　*10％水準で有意

ても，やはり政府の推進する政策の一環であった。そうしたことを反映してか，表 4-1 および表 4-2 に示した一連の変数の中で政党支持は唯一，すべての事例において有意な相関関係を示している。

すなわち，合併関連の事例について分析した表 4-1 からは，自民党を支持する人ほど政権与党が推進する「平成の大合併」を肯定的に受け止め，その結果，合併をめぐる住民投票では「合併賛成」票を投じる傾向のあることを読み取ることができ，米軍再編問題をめぐる岩国市の住民投票について分析した表 4-2 からは，米軍再編を強力に進めようとする政府の姿勢を前に「移駐容認」に傾く自民党支持者の態度・行動を読み取ることができる。とりわけ，岩国市のケースに関しては，山口県が地元でもある当時の官房長官・安倍晋三が住民投票の実施に否定的な見解を表明するなど，住民投票に対する政権与党・自民党の態度もある程度明確であったため，そうしたことが，自民党支持者の態度形成や投票行動に対しても多分に影響を与えていると考えられる。

(2) 行政に対する満足度と賛否の行動

合併問題に対する賛否の意思表示は，いい換えれば行政組織の変更について有権者が賛否を表すことであるから，投票時点での行政に対する満足度は，賛否の投票行動に関して重要な決定要因の一つになると考えうる。ここでは，岩国市を除く5自治体における，行政満足度と賛否の行動との関係について，表 4-1 のロジット分析の結果を踏まえ考察を加えておきたい。

まず，蓮田市と菖蒲町では行政満足度の有意性は見られなかった。蓮田市に関しては，表 4-3 からも明らかなように，単純集計で見たときに行政に不満を持つ人の割合が比較的高いのだが，そうした不満の矛先が合併賛成票に対しても，合併反対票に対しても，それぞれ一定程度向けられていると思われる。すなわち，合併賛成の理由として「議員・職員数を削減できる」などの回答が見られる一方，合併反対の理由として，合併後の新市庁舎が白岡に置かれることや合併協議の進め方に対する不満などがあげられており，行政満足度の投票行動に対する効果は，賛成・反対の両者の間で相殺されていると捉えられる。

また菖蒲町に関しては、後述するように、反対票が「他の合併枠組みを希望」する意思表示として投じられていた側面が多分にあったことから、行政満足度が賛成・反対のいずれに対しても明確な効果を持たなかったものと思われる。

一方で、行政満足度と賛否の行動との間に有意な相関関係が見られるのは、府中町と高石市、および白岡町であり、いずれも正の方向で比較的強い有意性を示している（表 4-1 参照）。すなわち、市・町の行政サービスに満足している人ほど合併には反対し、行政に不満を持つ人ほど合併に賛成するという傾向を、これら3市町の有権者は有していたと捉えることができる。

実際、各自治体における行政満足度の単純集計の結果を比較してみると、3市町における行政満足度の差異が、直接的に賛否の結果に表れていると捉えることもできる（表 4-3 参照）。つまり、半数以上の人が市の行政サービスに満足している高石市で合併反対が賛成を大きく上回り、満足度の高さが高石市ほどではなかった府中町では賛否が拮抗する結果となった。さらに白岡町の場合には、行政サービスに満足している人は3割弱と高石市や府中町よりも低く、投票結果も合併賛成票が約6割を占めるというものであった[5]。こうしたデータもまた、ロジスティック回帰分析の結果に沿うものといえるだろう。

表 4-3 ：行政満足度の自治体間比較

	府中町	高石市	蓮田市	白岡町	菖蒲町	岩国市
大いに満足	1.4	3.3	0.9	1.1	1.1	0.5
だいたい満足	37.5	50.8	16.7	27.5	33.3	31.2
どちらともいえない	39.4	30.9	41.4	47.0	45.3	39.6
やや不満足	14.8	10.4	26.5	18.2	14.9	19.8
大いに不満足	7.0	4.8	14.5	6.2	5.3	8.9

(3) 首長に対する業績評価と賛否の行動

　住民投票実施に際して，当該自治体の首長や議員は，投票にかけられる政策課題に関して特定の意見を表明しうる立場にある。彼らが，投票対象となる政策に関して賛否など何らかの態度を明らかにしていれば，そのことが彼らを支持，あるいは好意的に感じている有権者にとってしばしば重要な判断基準となる。たとえば，米国の州民投票について計量的に分析した Bowler and Donovan（1998）によれば，"Who's behind it？（誰が背後にいるのか）"ということが有権者にとって重要な指針の一つとなっている。他方で，国民投票における投票行動が，現政権への評価としてなされているとする先行研究も何点か見られる（Franklin, Marsh, and Wlezien, 1994 ; Franklin, van der Eijk, and Marsh, 1995 ; Franklin, 2002 ; Clarke, Kornberg, and Stewart, 2004）。

　偶然ではあるが，本章で使用する 4 件のサーベイの調査地では，いずれの首長も住民投票の際に，あるいはそれより以前に，合併問題や基地問題に関して自らの立場を明らかにしている。そうしたことも反映して，業績評価に関する設問を設けた高石市，蓮田市・白岡町・菖蒲町，岩国市のいずれの分析からも，業績評価はそれぞれ特徴的な効果を有しているといえる。

　高石市に関しては，市長選挙との同日実施となったことが住民投票での投票行動にも大きな影響を与え，市長選で敗れた合併推進派の前職に対する業績評価の効果はかなり強いものとなっている[6]（表 4-1 参照）。

　蓮田市・白岡町・菖蒲町の事例では，各首長ともこれら 1 市 2 町による合併を推進する立場で住民投票に臨んだのだが，賛否の行動に対する業績評価の効果の表れ方や方向性は，三者三様である（表 4-1 参照）。蓮田市の場合は，業績評価の有意性は表れなかったが，単純集計で見ても市長への業績評価は全体的に低く，後述するように，働きかけの中で「市議会議員」の効果が強いことも踏まえて考慮すると，合併に対する市長の態度は，さほど有権者によって顧みられることがなかった可能性が考えられる。白岡町に関しては，業績評価が高いほど合併に賛成する傾向のあることを推定結果は示唆しており，町長が合

併推進の立場にいるということが，そのまま直接的に両者の相関関係に影響したものと思われる。

また菖蒲町の場合は，業績評価の効果に関して白岡町とは全く逆の傾向が見られるわけだが，これについては，町長の与党会派の議員が住民投票の直前になって，久喜市を中心とした合併の実現を訴えたことや，町長自身が元々，2003年に行われた1回目の住民投票以前に久喜市との合併を志向していたことなどが一定程度まで影響しているといえる。第4節（「複数自治体での同日実施」と賛否の行動）で後述するように，菖蒲町における「反対」票は，主に久喜市などの「他の合併枠組みを希望する」意思表示として投じられた側面が多分にあり，町民の多くが町長を「久喜市志向」と捉えたことによって，業績評価の高さと合併反対票との間に相関関係が表れたと考えられる。

岩国市の住民投票で問われた岩国基地への米軍移駐の問題をめぐっては，市長は一貫して「移駐反対」の姿勢を貫き，住民投票も市の住民投票条例に基づいて市長自ら発議したものであった。こうしたことから，市長に対する業績評価の高さは，移駐案の白紙撤回を求めるという態度形成に対しても，住民投票において反対票を投じるという行動に対しても，それぞれ強い相関関係を有しているということを表4-2から読み取ることができる。

3．住民投票に関する情報の取得と投票行動

特定の政策課題に対して有権者が直接判断を下す住民投票においては，首長や議員が保有する情報量と比べると，有権者にとって判断材料となる情報は少ないのが普通である。そのため，限られた情報量の中で各有権者がどのような種類の情報を参照し，またそれをもとにどのような投票行動を行っているのか，そうした点について明らかにすることは非常に重要と考えられる。これまでに実施してきた4件の郵送調査では，［1］組織・人物からの働きかけ（府中町の調査を除き，複数回答あり）［2］投票日までに見聞きした情報源（複数回答あり）［3］一番参考にした情報源，の三点について尋ねているが，一連の

調査において概ね同様の選択肢を設けているため，各事例における特徴を踏まえたうえで，政治的情報と投票行動との関係について，ある程度まで明らかにすることが可能と思われる。

なお，本節のロジット分析において投入する，働きかけおよび情報源に関する変数はすべて，参照した場合を1，そうでない場合を0とするダミー変数である。

(1) 組織・人物による働きかけと投票行動

表 4-4 は，各調査における働きかけに関する設問の単純集計の結果について主要な選択肢を示し，まとめたものである。設定された選択肢や質問方法は調査によって微妙に異なるため，単純に比較はできないものの，組織や特定の人物による働きかけについては「参考にしたものはない」と答えた人がいずれ

表 4-4：組織・人物による働きかけ

	【府中町】回答数	%	【高石市】回答数	%	【蓮田市】回答数	%	【白岡町】回答数	%	【菖蒲町】回答数	%	【岩国市】回答数	%
市長（町長）	12	1.4			18	4.2	23	5.2	15	3.4	232	32.1
寺田候補（陣営）			131	16.5								
阪口候補（陣営）			205	25.8								
市（町）議会議員	18	2.1	68	8.5	46	10.6	52	11.7	71	16.0	50	6.9
知人・友人			171	21.5	79	18.2	64	14.4	85	19.2	150	20.7
家族・親戚	131	15.6	159	20.0	64	14.8	76	17.1	94	21.2	142	19.6
町内会や自治会	69	8.2	76	9.5	34	7.9	47	10.6	24	5.4	52	7.2
職場	17	2.0	27	3.4	13	3.0	11	2.5	13	2.9	38	5.3
その他	32	3.8	20	2.5	2	0.5	7	1.6	7	1.6	3	0.4
参考にしたものはない	473	56.4	301	37.8	210	48.5	228	51.2	204	46.0	268	37.1
わからない	67	8.0	31	3.9	42	9.7	24	5.4	29	6.5	17	2.4
有効回答数	839		796		433		445		443		723	

注）府中町では選択肢から一つだけを選ばせ、その他の調査では当てはまるものすべてを選ばせている。なお空欄は、各調査においてその選択肢が設けられていないことを示す。

の自治体でも最も多くなっている。他の具体的な選択肢について概観してみると，比較的回答が多いのが「知人・友人」や「家族・親戚」であり，事例によっては市長（高石市の場合は，市長候補の両陣営）による働きかけについても，参考にしたと答えた人が少なくない。

　では，働きかけと賛否の行動との関係について，ロジスティック回帰分析の結果を見ていきたい。白岡町では唯一，働きかけの中で有意性を示す変数は一つもなかったが，他の自治体ではいずれも，何らかの働きかけと賛否の行動との間に有意な相関関係が表れている（表4-5および4-6参照）。

　まず注目すべき一点目としては，働きかけについて「参考にしたものはない」ことと賛否の行動との関係性である。「参考にしたものはない」が有意であったのは，府中町，高石市と，岩国市の「反対ダミー」を従属変数とした分析である（表4-5および4-6参照）。府中町では合併賛成に相当する「広島市との合併」への投票に対して，高石市および岩国市では反対投票に対して正の効果を有しており，いずれのケースでも，各住民投票で最多得票となった選択肢に対してプラスの効果をもたらしているということがいえる。つまり，これらの市町における住民投票でいずれの働きかけも参考にしなかった人に関しては，合併問題や基地問題をめぐる中長期的な状況を踏まえたうえで，あらかじめ自らの意思を固めていたか，あるいは多数を占めると推測される選択肢の方向へ流れていったという可能性が考えられる。

　二つ目に注目すべき点は，「知人・友人」の効果である。これに関しては，府中町における調査では選択肢に含まれていなかったものの，高石市，蓮田市，菖蒲町，および岩国市の「反対ダミー」を従属変数とした分析において，有意性を示している。これら4市町ではすべて，知人・友人からの働きかけを参考にしたことが「反対票」に対してプラスの効果を有していることを表4-5および4-6から読み取ることができる。これに関しても，やはりすべての事例で，過半数を占めた選択肢に対して正の効果を有しているといえるのだが，「参考にしたものはない」の場合とは，賛否の行動に対して効果が表れる経路がやや異なると思われる。すなわち，それまで特定の意見を有していなかった

第4章 住民投票の研究 *91*

表 4-5：組織・人物による働きかけと合併賛否の投票行動に関するロジット分析：
合併3事例＜従属変数＝「合併反対」＞

	府中町	高石市	蓮田市	白岡町	菖蒲町
定　数	-2.252***	3.629***	-.573	.323	-.712
年　齢	-.031***	-.011	.000	.008	-.009
男　性	.153	-.078	-.025	-.427	-.413
自民党支持	-.619***	-.538*	-.711**	-1.189***	-.549*
行政満足度	1.225***	.484***	.242	.430**	-.093
首長に対する業績評価		-1.190***	.057	-.763***	.615***
市長（町長）	1.879**		.288	-1.024	-1.795**
寺田候補（陣営）		-1.899***			
阪口候補（陣営）		2.337***			
市（町）議会議員	-.157	-.989**	-1.181***	-.634	.153
知人・友人		1.155***	.673*	.223	.747**
家族・親戚	-.643**	-.091	.257	-.323	-.094
参考にしたものはない	-.405*	.613*	.245	-.124	.512
N	659	682	282	318	308
-2 log likelihood	717.764	459.312	364.541	347.707	373.547
カイ2乗	169.589***	243.786***	24.349***	40.122***	37.383***
Cox & Snell R2乗	.227	.301	.083	.119	.114
Nagelkerke R2乗	.307	.467	.111	.168	.155

*** 1 ％水準で有意　** 5 ％水準で有意　*10％水準で有意
注）府中町では業績評価に関する設問を設けていない。

人も含めて，住民投票をきっかけに，知人や友人との間で合併問題や基地問題に関する会話の機会が増え，その結果として，自分の周囲における「多数派」の存在を認識したものと思われる。そのような認識のもとで，多数票となった「反対」に票を投じる傾向が見られたということであり，知人・友人による働きかけの効果は，より短期的な状況判断の中で生じたものと捉えることもできる。

　注目すべき三点目は，首長による働きかけである。「市長」および「町長」が有意であったのは府中町，菖蒲町，および岩国市で，また高石市では，住民投

表 4-6：働きかけと態度形成および投票行動に関するロジット分析：岩国市

従属変数：	白紙撤回ダミー	反対ダミー
定　数	−2.479***	−2.796***
年　齢	.003	.009
男　性	−.293	−.459**
自民党支持	−1.139***	−1.244***
行政満足度	−.074	.001
首長に対する業績評価	.752***	.894***
市　長	.812***	1.014***
市議会議員	−.049	−.144
知人・友人	.004	.795**
家族・親戚	.326	.767**
参考にしたものはない	.361	.660**
N	614	638
−2 log likelihood	693.790	595.086
カイ2乗	156.743***	203.041***
Cox & Snell R2乗	.225	.273
Nagelkerke R2乗	.301	.382

***1％水準で有意　**5％水準で有意　*10％水準で有意

票と同日実施された市長選の両候補（陣営）による働きかけも有意性を示している。これらに関しては，彼らが合併問題および基地問題をめぐって示した態度との間にプラスの相関があるといえる。府中町長は合併せずに「単独市制」施行を志向していたことから，町長による働きかけは「合併反対」に対してプラスで有意となり，高石市のケースでは，寺田候補が合併推進，阪口候補が合併反対の立場で選挙戦を戦ったこともあり，それぞれの主張に対して正の効果が確認できる（表 4-5 参照）[7]。また岩国市では，自ら住民投票を発議した市長が一貫して「移駐反対」を訴えていたことから，市長による働きかけは，移駐案の「白紙撤回」を求める態度に対しても，住民投票における反対票に対してもプラスの効果を有している（表 4-6 参照）。以上のことから，住民投票に

際して首長が何らかの態度表明を行うことは，有権者にとって有益なヒューリスティックとなっていると考えられ，場合によっては，投票結果そのものを左右する要因ともなりうるといえるだろう。

(2) 参考にした情報源と投票行動

表4-7は，住民投票に際して見たり聞いたりした情報源について尋ねた設問の単純集計の結果について，主要な選択肢を示しまとめたものである。また表4-8は，その中から最も参考にした情報源について尋ねた設問について，同様にまとめたものである。まず前者から概観してみると，市・町が配布した資料，ならびに賛否両派のチラシを見たという人の割合が群を抜いて多いことがわかる。住民投票においては，行政から提供される情報，住民レベルで出される情報の双方が，重要な参考資料となっているといえる。また他方で，全国

表4-7：見聞きした情報源

	【府中町】		【高石市】		【蓮田市】		【白岡町】		【菖蒲町】		【岩国市】	
	回答数	%	回答数	%	回答数	%	回答数	%	回答数	%	回答数	%
市・町の配布資料	757	79.8	621	77.0	342	75.3	368	81.1	356	79.5	500	68.0
賛否両派のチラシ	745	78.5	684	84.8	313	68.9	262	57.7	358	79.9	412	56.1
テレビ	386	40.7	148	18.3	20	4.4	24	5.3	18	4.0	529	72.0
新聞	469	49.4	343	42.5	79	17.4	93	20.5	82	18.3	479	65.2
街頭演説	136	14.3	297	36.8	34	7.5	59	13.0	43	9.6	190	25.9
近所の住人との会話	370	39.0	391	48.5	180	39.6	179	39.4	182	40.6	252	34.3
住民説明会への参加	110	11.6	243	30.1	67	14.6	73	16.0	86	19.1	246	19.9
どれも見聞きしない	40	4.2	24	3.0	19	4.2	25	5.5	16	3.6	17	2.3
有効回答数	949		807		454		454		448		735	

注1）「住民説明会への参加」については，別の設問で参加したか否かを2択で尋ねたものであるが，便宜上，一つの表にまとめてある。なお，各調査における「住民説明会への参加」に関する設問の有効回答数は，府中町948件，高石市806件，蓮田市458件，白岡町456件，菖蒲町451件，岩国市734件である。

注2）「市・町の配布資料」に関しては，調査ごとに選択肢の文言は微妙に異なっており，府中町では「町が作成したパンフレット」，高石市では「市の配布資料」，蓮田市・白岡町・菖蒲町では「合併協議会や市・町が配布した資料」，岩国市では「市の広報や配布資料」となっている。

的にも大きな注目を集めた岩国市のケースでは，テレビや新聞を見たという人も，市の配布資料や賛否両派のチラシと同様にかなり多く，合併関連の他事例との大きな相違点となっている。

次に，最も参考にした情報源に関して見てみると，それぞれの事例において各種の情報源が参照された度合いに一定の差異があることを，表 4-8 から読み取ることができる。府中町と高石市に関しては，賛成派・反対派などのチラシを最も参考にしたという回答が最多となっている。他方，蓮田市・白岡町・菖蒲町のケースでは，合併協議会や市・町が配布した資料を最も参考にしたという回答が，3市町ともに4割を超えているが，これに関してはやはり，行政主導で合併協議が進められていたことが，かなり大きく影響していると考えられる。また岩国市の事例では，表 4-7 で見たのと同様に，テレビや新聞といった報道メディアから得た情報を最も参考にした人の割合が高くなっている。

表 4-8 ：最も参考にした情報源

	【府中町】 回答数	%	【高石市】 回答数	%	【蓮田市】 回答数	%	【白岡町】 回答数	%	【菖蒲町】 回答数	%	【岩国市】 回答数	%
市・町の配布資料	230	25.1	151	18.9	185	42.2	241	53.7	190	42.7	131	18.0
賛否両派のチラシ	267	29.1	300	37.5	108	24.7	68	15.1	139	31.2	76	10.4
テレビ	20	2.2	8	1.0	8	1.8	10	2.2	4	0.9	130	17.8
新聞	76	8.3	49	6.1	14	3.2	23	5.1	13	2.9	139	19.1
街頭演説	3	0.3	61	7.6	0	0.0	9	2.0	2	0.4	14	1.9
近所の住人との会話	87	9.5	113	14.1	55	12.6	46	10.2	47	10.6	64	8.8
住民説明会への参加	29	3.2	109	13.6	17	3.9	17	3.8	18	4.0	59	8.1
参考にしたものはない	209	22.8	102	12.8	71	16.2	68	15.1	69	15.5	174	23.9
わからない	35	3.8	21	2.6	29	6.6	21	4.7	19	4.3	20	2.7
有効回答数	916		799		438		449		445		729	

続いて，表 4-9 および表 4-10 に示したロジット分析の結果を見ていくと，情報源に関しては注目すべき変数を三つあげることができる。「市・町の配布資料 (pamphlet)」「賛否両派のチラシ (ads)」ならびに「住民説明会への

参加（setsumei）」である。

　市や町による配布資料に関しては，すべての自治体において何らかの形で有意性を示している。係数の符号の向きに着目すると，いずれも当時の首長もしくは行政の意向に沿ったものとなっており，市・町の配布資料を目にしたり最も参考にしたことは，府中町では単独市制（合併反対），高石市と蓮田市・白岡町・菖蒲町では合併推進，岩国市では米軍移駐反対の方向に対してプラスに作用している。

　中でも，蓮田市・白岡町・菖蒲町では，既述のように市・町の配布資料を参考にした人の割合が高いが，それぞれの分析における係数の値を比較してみると，各市町の賛否の結果を分けた要因の一端が浮かび上がってくる。3市町のうち白岡町だけが唯一「賛成多数」の投票結果であったが，たとえば，3市町すべてで有意性を示した，見聞きした情報源としての「合併協や市・町の配布資料」の値は，蓮田市で−.624, 菖蒲町で−.935であるのに対して，白岡町では−1.558と突出して高い。これはすなわち，配布資料を見たことの合併賛成票を投じることに対する効果が，白岡町においてとりわけ強かったことを意味するが，別の側面からいえば，反対票を増大させる特定の要因がなかったということの裏返しと捉えることもできる。蓮田市と菖蒲町における「反対多数」の要因をかいつまんでいうと，蓮田市では白岡町が中心となって合併協議が進められたことへの不満が反対票を増加させ，菖蒲町では他の合併枠組みを希望する意思表示として反対票が投じられた側面が多分に見られた。そうした特定の要因の有無が，「合併協や市・町の配布資料」が賛否の行動に及ぼす効果の強弱に一定程度まで影響しているということもいえるだろう。

　賛否両派のチラシに関しては，高石市と蓮田市・白岡町・菖蒲町において有意性が見られる。表4-9に着目すると，これら4自治体ではいずれも，チラシを参照したことが反対票に対してプラスの効果をもたらしていることがわかる[8]。

　高石市の場合は，反対派サイドが「小都市幸福論」などのキャッチフレーズを，チラシやポスターなどを通して浸透させることに成功し，そういった一種

表 4-9-1：参考にした情報源と合併賛否の投票行動に関するロジット分析＜従属変数＝「合併反対」＞

		府中町		高石市	
	定　数	−2.167***	−2.585***	4.039***	4.124***
	年　齢	−.027***	−.026***	−.007	−.007
	男　性	.292*	.290	.209	.284
	自民党支持	−.514**	−.528**	−.527**	−.658**
	行政満足度	1.071***	1.097***	.588***	.528***
	首長に対する業績評価		−1.380***		−1.354***
見聞きした情報源	市・町の配布資料	.076		−.132	
	賛否両派のチラシ	−.095		.072	
	テレビ	.053		.482	
	新　聞	−.326*		−.066	
	近所の住人との会話	−.052		.256	
	住民説明会への参加	−.142		−.595**	
最も参考にした情報源	pamphlet		.842***		−.663**
	ads		−.085		.728***
	tv		.182		−.347
	newspaper		−.907**		.440
	neighbor		−.172		.816**
	setsumei		.359		−1.251**
N		721	709	686	689
−2 log likelihood		820.997	776.909	542.948	501.651
カイ2乗		155.316***	183.102***	164.684***	202.078***
Cox & Snell R 2乗		.194	.228	.213	.254
Nagelkerke R 2乗		.261	.307	.332	.397

***1％水準で有意　**5％水準で有意　*10％水準で有意
注）府中町では業績評価に関する設問を設けていない。

の「わかりやすさ」が前面に出ていた一方，賛成派のチラシでは反対派に対するネガティブ・キャンペーンも行われ，それが却って住民の反発を招く一因になったと考えられる。また蓮田市・白岡町・菖蒲町では，種々の情報源の中で

表 4-9-2：参考にした情報源と合併賛否の投票行動に関するロジット分析
＜従属変数＝「合併反対」＞

		蓮田市		白岡町		菖蒲町	
	定　数	−.699	−.230	1.381*	−.051	−.195	−.696
	年　齢	.003	−.001	.008	.017	−.006	−.003
	男　性	.106	.021	−.644**	−.555*	−.240	−.280
	自民党支持	−.825***	−.747***	−1.417***	−1.529***	−.718**	−.805***
	行政満足度	.189	.184	.389**	.456**	−.123	−.152
	首長に対する業績評価	.097	.103	−.741***	−.596***	.595***	.706***
見聞きした情報源	市・町の配布資料	−.624*		−1.558***		−.935**	
	賛否両派のチラシ	.889***		.809***		.716**	
	テレビ	−1.954**		.848		.068	
	新　聞	−.110		−.126		.031	
	近所の住人との会話	.338		−.706**		.269	
	住民説明会への参加	−.354		−.094		−.659**	
最も参考にした情報源	pamphlet		−.417		−1.413***		−.836***
	ads		.797**		.702*		.936**
	tv		−.597		−.717		.994
	newspaper		−.666		−.448		−1.264
	neighbor		.042		−.562		.928*
	setsumei		−.938*		−1.459*		−1.260**
	N	289	287	322	322	310	307
	−2 log likelihood	366.193	368.475	330.219	322.487	373.707	343.645
	カイ2乗	31.920***	27.211***	60.429***	66.403***	40.101***	66.306***
	Cox & Snell R2乗	.105	.090	.171	.186	.121	.194
	Nagelkerke R2乗	.140	.121	.243	.266	.165	.264

***1％水準で有意　**5％水準で有意　*10％水準で有意

賛否両派のチラシだけが唯一，プラスの方向で有意性を示しているが，先述したような反対票を増大させた要因に関して，チラシの中で強調されていた部分が多々見られ，そうしたことが反対への投票を喚起した面が多分にあったものといえる。

表 4-10 ：参考にした情報源と態度形成および投票行動に関する
ロジット分析：岩国市

従属変数：	白紙撤回ダミー		反対ダミー	
定　数	−2.604***	−2.496***	−3.085***	−2.347***
年　齢	.002	.004	.008	.006
男　性	−.219	−.270	−.490**	−.487**
自民党支持	−1.098***	−1.133***	−1.173***	−1.286***
行政満足度	−.099	−.081	−.082	−.044
首長に対する業績評価	.809***	.796***	.993***	1.004***
見聞きした情報源　市・町の配布資料	.246		.502**	
賛否両派のチラシ	−.005		.097	
テレビ	.390*		.444**	
新聞	−.227		.131	
近所の住人との会話	.112		.308	
住民説明会への参加	.823***		.980***	
最も参考にした情報源　pamphlet		.744***		.935***
ads		−.166		.317
tv		.472*		.041
newspaper		.197		.363
neighbor		.096		.233
setsumei		.950**		1.190**
N	618	606	643	629
−2 log likelihood	698.411	683.146	593.671	575.512
カイ2乗	157.671***	156.288***	214.342***	206.504***
Cox & Snell R 2乗	.225	.227	.283	.280
Nagelkerke R 2乗	.300	.303	.396	.393

***1％水準で有意　**5％水準で有意　*10％水準で有意

　住民説明会・集会への参加については，府中町を除くすべての自治体において有意な相関関係が見られる。市・町の配布資料の場合と同様に，行政の意向に沿う形で賛否の行動に影響を与えていることを表 4-9 および表 4-10 の推定結果は示唆している。住民投票における住民説明会では，行政の側にとって

不利な情報が表に出ることは一般的に考えて少ないため，行政の意向どおりに有権者が投票行動を決定する傾向が強いものと思われる。ただ他方で，こうした説明会では，はじめから賛否の態度をすでに決定している有権者が出席しているケースも少なくなく，高石市や蓮田市・白岡町・菖蒲町，および岩国市における推定結果は，元々「色」のついている有権者が住民説明会に多く参加していることを反映したもの，と捉えることもできる。

4．「複数自治体での同日実施」と賛否の行動

　合併の賛否を決定付ける要因としては，ここまで見てきたような種々の政治意識や情報源などのほか，各自治体の行財政をめぐる状況や合併した場合の自治体規模，地理的特性や歴史的な結びつきなど，さまざまなものが想定される。しかしながら，現実に合併が破綻した事例を概観すると，合併後の新市名称や新市庁舎の位置，対等か編入かといった合併の形式の問題など，合併の本質とはあまり関係ないところで自治体間・住民間での対立が生じたケースが多々見られる。また，「平成の大合併」における合併促進の起爆剤として導入された合併特例債に関しても，その使途や計画をめぐって住民の反発を買ったケースが少なくない。

表 4-11 ：実際の投票結果

	蓮田市	白岡町	菖蒲町
1市2町合併に賛成	11,477	12,509	3,819
反対	13,330	7,594	6,894

　表 4-11 は，1市2町における実際の得票結果を示したものである。冒頭にも記したように，3市町村以上で住民投票を同日実施したケースでは，すべての自治体で「賛成多数」が出揃った事例が一つもなく，蓮田・白岡・菖蒲の住民投票もその一例である。ここでは，各市町において，有権者の賛否の行動が

いかなる要因によって左右されたのかを詳しく見ていきたい。

(1) 蓮田市・白岡町・菖蒲町の合併問題をめぐる経緯

　蓮田・白岡・菖蒲の1市2町による住民投票が行われる約2年前，2003年4月に菖蒲町で，合併の相手先を問う住民投票が実施された。この年のはじめに，中山登司男・菖蒲町長が「久喜市・鷲宮町」との合併を目指す意向を表明したが，これに対して町議会の一部で「蓮田・白岡」志向が表面化し，町長と議会の調整が難航したことから，議員提案によって提出された住民投票条例案が全会一致で可決され，投票実施に至った。

　町議選との同日実施となった住民投票は，(1)久喜市・鷲宮町との合併に賛成，(2)蓮田市・白岡町との合併に賛成，(3)合併に反対—の3択で行われ，投票率は78.13%，投票結果は，(1)5,588票，(2)5,606票，(3)1,823票で，「久喜・鷲宮」をわずか18票上回るという僅差で，「蓮田・白岡」が選択された。この結果を受け，菖蒲町は蓮田市・白岡町に対して合併協議の開始を申し入れ，同年6月には，各議会で法定合併協議会の設置議案が可決された[9]。

　1市2町による住民投票の実施は，法定協の中で決定されたものであった。当初，合併の是非を問う住民意向を確認する方法として，「郵送アンケート」「投票アンケート」「住民投票」の3案が示されたが，その中から，04年3月の第10回会議において，全員一致で「条例に基づく住民投票」を行うことに決定した。この決定に基づき，各市町議会で住民投票条例案が上程され，蓮田市のみが当初，投票資格を「18歳以上」としていたが，結局他の2町に足並みを揃えて「20歳以上」に変更した。

　「住民投票の実施」という点においては一致を見せた1市2町であったが，合併の各論の部分をめぐる審議では，各市町の利害対立が浮き彫りとなるなど，議論は難航した。各議会の議員が合併後も引き続き議員としてとどまる「在任特例」については，「定数は34，在任特例を使い現在の議員（定数64）が2年間とどまる」との3市町議会案に対し，住民選出の委員から反対意見が続出。その後の協議で，定数34は維持されたものの，在任期間を1年1ヵ月間と

することで最終的に決着した。

　また，最も大きな対立点となったのは，新市庁舎の位置をめぐる問題であった。話し合いが行われるたび，各委員が「自分の街」を主張して票が見事に3分され，その都度，決定は次回以降の協議に持ち越された。こうして10回に及ぶ協議の末，委員の投票によって最終的に採決されたのだが，1回目投票では蓮田6票，白岡8票，菖蒲5票（白票1）と，いずれも規定の「有効投票の3分の2超」の賛成が得られず，蓮田と白岡の上位2案で決選投票が行われた。その結果，蓮田6票，白岡9票（白票5）となり，新市庁舎を暫定的に現在の白岡町役場に置くことが決定された。

　これらの事項のほか，合併の方式を「対等（新設）合併」とすること，合併の期日は05年10月1日とすること，新市名は「彩野（あやの）市」とすることなどが取り決められ，合併後の青写真となる「新市建設計画」が策定され，1市2町の法定協はすべての協議を終了した。

　05年1月30日の投票日に向け，各市町で住民説明会が開催され，合併協議会主催のものが04年11月27日から翌月5日まで各市町で3回ずつ行われ，その後，各市町主催の説明会が，住民投票直前まで行われた。それと同時に賛否両派の運動も活発化し，賛成・反対を訴えるチラシも各戸に配布されたが，その中で波紋を呼んだのが，告示を前に配布された菖蒲町議による「反対表明」のチラシである。町長の与党会派でもある「政策研究会21」の7人が「新たな枠組みを検討すべきだ」として，久喜市を中心とした合併の実現を訴えかけた。1市2町の首長をはじめ，行政として合併を推し進める中でのこうした動きは，菖蒲町での「合併反対」の結果をもたらす一因ともなったと思われる。

　投票の結果，菖蒲町のほかに蓮田市も「反対多数」，白岡町だけが「賛成多数」となり，投票率も，蓮田市：47.74％，白岡町：52.60％，菖蒲町：60.28％と，全体的に低調に終わった。これを受けて法定協は解散され，1市2町による合併は白紙に戻った。その後の新年度予算は各市町とも大幅な縮減となり，単独自立の道を模索するかに見えたが，2007年末頃から再び合併に向けた動きが顕在化し始め，蓮田市と白岡町では，それぞれの首長が両市町による合併協

議を進める意向を表明し，08年4月に行われた住民アンケートでも「合併賛成」が両市町で6割を超えた。一方で菖蒲町は，久喜市を中心とする1市3町の枠組みによる合併を目指すことで合意し，住民アンケートでも賛成が過半数を超えた。いずれも，合併新法の期限（2010年3月末）内の合併を視野に入れている。

(2) 賛成・反対への投票理由と「新市建設計画」に対する感情

　はじめに，各市町における賛成・反対への投票理由から見ていきたい。郵送調査では，実際に投票した人に対して賛否の行動を尋ねるとともに，自由回答形式で投票理由の記述欄も設けた。これをもとに上位五つまでを集計したものが表4-12および表4-13である。合併賛成の理由としては，各市町とも「財政基盤の強化」「地域の活性化」「行政の効率化・サービス向上への期待」が上位三つを占めており，一般的にも合併のメリットとして論じられているような点に期待が集まっていることがうかがわれる。このほか，蓮田市と白岡町では，議員・職員数の削減に関する言及も見られ，2年前にも住民投票を実施している菖蒲町では，「前回の住民投票で決定済み」として賛成票を投じた有権者も数名いた。

　一方で，合併反対の理由に着目すると，各市町で興味深い傾向を読み取ることができる。全体として最も多い理由こそ「合併のメリットが感じられない」という曖昧なものであるが，蓮田市では，反対票を投じ投票理由も答えた人の約2割が「合併後の新市庁舎が白岡に置かれる」ことを合併反対の理由として回答しており，3市町の中で唯一の「市」である蓮田の市民感情をうかがい知ることができる。また，白岡町の反対者の中では「白岡に愛着があるから」という回答も含め，現在の白岡を残したいという声が多く見られた。他方，菖蒲町では，投票理由を答えた人の約4割が「合併相手に不満がある」ことを合併反対の理由としてあげており，反対理由の中で最も多い結果となった。そのうちの半数近くは，久喜市を中心とした合併を希望することを具体的に述べており，また蓮田や白岡では地理的に遠く生活圏でないという回答も多い。同じ

表 4-12：賛成・投票理由

【蓮田市・賛成】		%
財政基盤を強化できる	24	25.3
地域の活性化のため	23	24.2
行政の効率化・サービス向上が期待できる	19	20.0
議員・職員数を削減できるから	12	12.6
全国的に合併が進展しているから	10	10.5
有効回答数	95	100.0
【白岡町・賛成】		%
行政の効率化・サービス向上が期待できる	47	28.0
財政基盤を強化できる	35	20.8
地域の活性化のため	33	19.6
議員・職員数を削減できるから	19	11.3
自治体規模は大きいほうがよい	12	7.1
「郡」より「市」のほうがイメージがよい	12	7.1
有効回答数	168	100.0
【菖蒲町・賛成】		%
地域の活性化のため	26	28.6
行政の効率化・サービス向上が期待できる	13	14.3
財政基盤を強化できる	13	14.3
将来のことを考えて	13	14.3
全国的に合併に進展しているから	7	7.7
前回の住民投票で決定したことだから	7	7.7
有効回答数	91	100.0

「反対」でも，菖蒲町ではその意味合いが他の2市町とはやや異なることが理解できる。

合併をめぐる経緯にも記したように，蓮田市・白岡町・菖蒲町の住民投票は，実施の段階ですでに合併協議がすべて終了しており，合併後の青写真をすべて示したうえで投票が行われている。そこで郵送調査では，合併協議会で策定された「①合併の方式は，対等（新設）合併とする。」「②合併の期日は，平成17年10月1日とする。」「③新市の名称は，『彩野（あやの）市』とする。」「④新市役所の位置は，当分の間，現白岡町庁舎とする。」「⑤新市の議会議員は，

表 4-13：反対・投票理由

【蓮田市・反対】		%
合併のメリットが感じられないため	53	39.8
合併後の新市庁舎が白岡に置かれるため	26	19.5
合併の進め方に不満・疑問を感じたから	18	13.5
財政負担の増大が心配	14	10.5
蓮田に愛着があるから	9	6.8
有効回答数	133	100.0

【白岡町・反対】		%
合併のメリットが感じられないため	21	26.6
白岡に愛着があるから	16	20.3
財政負担の増大が心配	12	15.2
合併の進め方に不満・疑問を感じたから	9	11.4
新市名称「彩野市」が気に入らないため	9	11.4
有効回答数	79	100.0

【菖蒲町・反対】		%
合併相手に不満がある	66	40.5
合併のメリットが感じられないため	36	22.1
財政負担の増大が心配	23	14.1
行政サービスの低下が心配だから	21	12.9
菖蒲町に愛着があるから	11	6.7
有効回答数	163	100.0

合併後1年1ヵ月間，引き続き新市の議員として在任する。(在任特例)」—の5項目について，賛成できるかどうかをそれぞれ5点尺度で尋ねている。

　これについて各市町における単純集計の結果をまとめたものが，表 4-14 である。興味深いポイントをいくつかあげると，まず⑤在任特例に対しては，やはり全体的に反対意見が強く，「議員の特権を守るもの」として全国的にも批判の的となったことを反映しているといえよう。一方で，③新市の名称については，菖蒲町で賛成意見がやや多いものの，全体的には賛否が真っ二つに割れている。また，④新市庁舎位置に関しては，白岡では当然賛成する意見が多く，逆に唯一の「市」から市役所を移動させられる形となる蓮田では反発が強

表 4-14 ：新市建設計画に対する賛否

(%)	①合併の方式 蓮田市	①合併の方式 白岡町	①合併の方式 菖蒲町	②合併の期日 蓮田市	②合併の期日 白岡町	②合併の期日 菖蒲町	③新市名称 蓮田市	③新市名称 白岡町	③新市名称 菖蒲町	④新市庁舎位置 蓮田市	④新市庁舎位置 白岡町	④新市庁舎位置 菖蒲町	⑤在任特例 蓮田市	⑤在任特例 白岡町	⑤在任特例 菖蒲町
賛成できる	19.4	36.0	31.7	17.2	28.9	20.5	17.4	21.0	21.7	6.5	45.5	10.0	4.0	11.0	5.0
まあ賛成できる	21.0	26.9	22.8	20.0	23.2	14.8	20.0	18.5	22.4	9.3	31.3	16.3	14.5	19.2	15.6
どちらともいえない	17.8	16.0	18.2	24.8	21.8	28.2	15.8	16.4	19.8	15.2	13.7	27.0	18.6	21.5	17.7
あまり賛成できない	15.7	4.4	5.8	9.2	5.2	6.9	17.4	17.6	14.0	22.7	1.9	16.0	23.1	21.7	19.9
全く賛成できない	9.2	3.0	4.4	5.7	3.8	7.6	20.0	21.2	14.5	38.8	2.6	18.4	25.6	17.8	23.7
わからない	16.9	13.7	17.0	23.1	17.1	22.0	9.4	5.3	7.6	7.5	5.1	12.2	14.2	8.9	18.0

い，という傾向がはっきりと表れている。こうしたことを反映してか，①合併の方式に関しては，「町」である白岡と菖蒲では対等合併であることに概ね賛成しているのに対し，唯一の「市」である蓮田では賛否がやや割れており，白岡中心で合併協議が進められたことに対する蓮田市民の不満が滲み出ているといえる。

このほか，合併をめぐる住民への説明の中で「新市の目指すまちづくり」として紹介された事案についても，別の設問で尋ねている。①JR 蓮田駅への地下鉄 7 号線の延伸，②圏央道・菖蒲白岡インターチェンジ（仮称）周辺の整備，③JR 宇都宮線・駅周辺の整備―の三つに関して，必要性と実現性の双方について質問し，必要性は「必要である」「必要ではない」「わからない」の三つの中から，実現性は「実現しそうである」「実現しそうにない」「わからない」の三つの中から，それぞれ選ばせるものであるが，その詳細を示したものが表 4-15 である。いずれの事業計画についても，必要性を認める声は比較的多いものの，「実現しそうである」と考える住民は少ないことが読み取れる[10]。

まちづくり事業計画の必要性や実現性に関しては，各自治体間でさほど大きな差異は見られないものの，投票理由や新市建設計画に対する賛否などに着目すると，1 市 2 町それぞれで少しずつ反応が異なることが，ここまでに示した

表 4-15：新市の事業計画に対する感情

(%)	①地下鉄延伸 蓮田市	①地下鉄延伸 白岡町	①地下鉄延伸 菖蒲町	②圏央道IC 蓮田市	②圏央道IC 白岡町	②圏央道IC 菖蒲町	③JR駅周辺整備 蓮田市	③JR駅周辺整備 白岡町	③JR駅周辺整備 菖蒲町
必要である	45.8	43.6	38.5	51.0	67.5	68.8	83.3	81.5	48.1
必要ではない	31.5	25.6	28.9	13.8	10.9	12.3	7.6	7.6	12.7
わからない	22.7	30.7	32.6	35.2	21.6	19.0	9.2	11.0	39.2
実現しそうである	8.9	10.1	3.2	26.6	44.1	48.0	28.9	22.1	10.6
実現しそうにない	63.6	54.5	62.3	24.4	17.4	18.1	36.1	38.8	31.9
わからない	27.6	35.4	34.5	49.0	38.5	33.8	34.9	39.1	57.5

データから明らかとなった。では，各市町における賛否の行動の決定要因にいかなる差異が見られるのか，ロジスティック回帰分析によってさらに詳しい検証を試みる。

(3) 分　析

　賛否の決定要因に関しては，反対への投票を1，賛成への投票を0としたダミー変数を従属変数として，各市町で個別に分析を行った。その結果を示したものが表 4-16 である。

　ここでの分析に使用する独立変数について説明しておくと，新市建設計画への賛否については，DK／NA 回答を除去したうえで，賛成できる＝5〜全く賛成できない＝1の5点尺度の変数として投入する。ただ，先に列挙した5項目の中で②合併の期日に関しては，表 4-14 から明らかなように「わからない」との回答割合がやや高く，加えて「いつ合併するか」ということが合併の賛否に与える影響は明示的なものとはいい難い。よって，合併の期日を除く残りの4項目について，住民投票における賛否の行動との関係性を見ていくこととする。

　さらに，新市のまちづくり計画に関する設問については，実現性に関する回

表 4-16：蓮田・白岡・菖蒲：合併賛否の投票行動と「新市建設計画」に関するロジット分析＜従属変数＝「合併反対」＞

	蓮田市		白岡町		菖蒲町	
定　　数	5.314***	6.022***	7.406***	7.753***	4.536***	5.085***
年　　齢	-.009	-.010	-.028*	-.031**	-.006	-.012
男　　性	-.964**	-.709*	-.907**	-.942**	-.196	.019
自民党支持	-.686	-.556	-2.418***	-3.428***	-.588	-.500
行政満足度	.420*	.330	.853***	.908***	.402	.376
首長に対する業績評価	.152	.125	-.661***	-.646***	.287	.205
合併の方式	-.710***	-.709***	-.582***	-.444***	-.439***	-.308
新市名称	-.114	-.079	-.821***	-.883***	-.449***	-.400***
新市庁舎位置	-.653***	-.733**	-.335	-.293	-.710***	-.778***
在任特例	-.630***	-.575***	-.439***	-.430**	-.091	-.088
地下鉄延伸（必要性）		-.512		-.572		-.791*
圏央道 IC（必要性）		-.228		-.636		-.474
JR 駅周辺整備（必要性）		-.239		-.410		.028
N	220	211	259	253	236	222
-2 log likelihood	184.268	175.514	169.526	158.316	214.972	197.988
カイ 2 乗	120.717***	116.952***	126.604***	132.110***	103.942***	106.905***
Cox & Snell R 2 乗	.422	.426	.387	.407	.356	.374
Nagelkerke R 2 乗	.563	.567	.568	.596	.481	.503

***1％水準で有意　　**5％水準で有意　　*10％水準で有意

答において「わからない」と答えた割合がいずれも比較的高く，また「実現しそうである」との回答割合も①地下鉄延伸においていずれも低く，③JR 駅周辺整備に関しても菖蒲町で同様に低いため，ここでのロジット分析では実現性については考慮に入れないこととする。また必要性に関しても，「わからない」との回答割合は無視できない高さであるため，必要性を確信していたか否かという観点から，「必要である」を1，「必要ではない」と「わからない」を0とするダミー変数に変換し，サンプル数の減少を防ぐ。

それらを踏まえたうえで，表 4-16 に示した推定結果を見ていきたい。まず新市建設計画の4項目について眺めてみると，各市町ともほぼすべてのモデルで4変数のうち三つが有意性を示す一方で，蓮田市では新市名称が，白岡町では新市庁舎位置が，菖蒲町では在任特例が，それぞれ有意とはならなかった。比較的容易に理解できるところから整理していくと，白岡町に関しては，表 4-14 の単純集計にも示されているように，自分の町に市役所が置かれるのであれば当然賛成する意見が強く，したがって，合併そのものには反対であっても市役所が白岡に置かれることには賛成する有権者が多数いたために，賛否の行動との間には相関関係が表れなかったと思われる。

　菖蒲町において在任特例が有意でなかったことについては，人口の少ない小規模自治体ならではの要因が働いたと考えられる。すなわち，合併して新市が誕生した後に改めて議員選挙を行うと，有権者数の少ない地域から輩出できる議員の数には限りがあり，在任特例を使わない場合と比べると，より過少代表となる。そうしたことを懸念した有権者が少なからず存在し，そのために在任特例に対する賛否と合併そのものの賛否とが単純には結びつかなかったことを，表 4-16 の推定結果は示唆しているといえるだろう。

　他方，蓮田市に関しては解釈がやや難しい。有意な相関関係が見られなかった新市名称については，表 4-14 の単純集計で見ても賛否は真っ二つに割れており，1市2町の地名と全く関係のない「彩野市」という名称が，賛否の行動を左右する要因の一つとなってもおかしくない。これに関してはおそらく，市の行政に対する不満が他の3変数にとりわけ強く表れたと思われる。

　蓮田市における反対理由を眺めてみると，「合併のメリットが感じられないため」に次いで多いのが，新市庁舎の位置が白岡であることと，合併協議の進め方に対する不満や疑問である。新市庁舎位置の選定については，委員の投票で決定する際に各市町の持ち票が7票であったのだが，蓮田市だけは市長と議会の対立から助役が空席となっていた分1票少なく，そのために庁舎位置選定に際して主導権を握れなかったことに不満を述べる回答が何件か見られた。また，これと関連することだが，合併協議の進め方に関しても，不満や疑問の具

体的な内容としては，人口が最も多く唯一の「市」でもある蓮田が合併協議をリードすべきであったのにできていない，市長と議会がまとまっていない，などとする意見が多かった。

　これらの意見に見られるような市行政への不満は，行政満足度や市長に対する業績評価などの単純集計の数字にも表れており，たとえば，行政満足度について5点尺度で尋ねた設問では，「大いに不満足」と「やや不満足」の合計が，白岡町と菖蒲町ではともに20％強にとどまっているのに対し，蓮田市では41％に上っている（表4-3参照）。また，首長への業績評価をめぐっても同様の傾向が確認でき，5点尺度の選択肢のうち「あまり評価できない」と「全く評価できない」の合計が，白岡町と菖蒲町ではそれぞれ20.4％，15.1％だったのに対し，蓮田市では38.8％であった。白岡や菖蒲の町長に比べ，当時の樋口・蓮田市長に対する不満も大きかったといえる[11]。

　こういったことを踏まえて考慮すると，新市建設計画の4項目のうち，蓮田市の分析において有意性を示した合併の形式，新市庁舎位置，在任特例の三つは，市の行政や市長および議会に対する不満が直結しやすい項目であり，逆に新市名称に関しては，そうした要因が働く余地が相対的に少なかったと思われる。つまり，新市庁舎位置に関しては先に説明したとおりであり，在任特例についても「議員の保身のためではないか」などの批判が出やすい項目であり，また「市」である蓮田が合併協議においてイニシアチブを発揮できなかったことへの不満が，対等合併であることへの不満に結びついたと考えられる。以上のような，市行政に対する不満に端を発した各項目への不満が，蓮田市民の賛否の行動に影響を及ぼし，蓮田市における「反対多数」の結果を導き出す一因となったといえる。

　一方で，新市名称の選定に関しては，「彩野市」が住民の公募をもとに決定されたもので，合併協議会の中でも特に大きな対立点とはなっていなかったことから，市行政への不満とは直接結びつく項目とはいい難い[12]。実際の賛否の投票行動との間で，新市名称に対する賛否とのクロスデータを見た限りでは，両者の相関関係を見て取ることも可能なのだが，ロジット分析において有

意とならなかったことはやはり，他の3項目と賛否の行動との関係性がより強いものであったことを示唆しているといえよう。

いずれにしても，各市町ともに，新市建設計画で決定された各項目に対する感情が，賛否の行動を決定付ける大きな要因の一つになっていたと捉えることができる。そして，その影響の仕方は各市町において一定ではなく，各市町に固有の事情や利害，あるいは合併をめぐる政治過程の違いが，賛否の行動と新市建設計画への感情との相関関係に反映されていると理解できるだろう。

では次に，新市のまちづくり計画の必要性に関する変数に着目すると，菖蒲町において，地下鉄延伸の必要性が10%水準で有意性を示しているのを除けば，賛否の投票行動との間に有意な相関関係は一切見られない。このことは何を意味しているのだろうか。これについては，次の二つのような解釈が考えられる。

まず第一に，交通網の整備などといったまちづくりに関することは，合併問題とは切り離して住民は考慮していた可能性を指摘できる。元々，地下鉄延伸や圏央道などの問題は，1市2町で合併が話し合われる以前から懸案となっていた事項であったため，とりわけ昔から居住している住民からしてみれば，合併の是非を決定する要因とはなりえなかったとも考えられる。

また第二に，まちづくり事業の原資とされた合併特例債に対して住民が抱いていた期待が薄く，国の厳しい財政状況から，特例債などの財政措置が額面どおりなされるのかどうか，その点について疑問を持っていた住民も少なからずいたと思われる。そのために，そもそもまちづくり事業の必要性などを考慮したうえで投票行動を決定した有権者が，あまりいなかったとも考えられる。

どのように解釈するにせよ，ここでの分析で示された限りにおいては，合併後の計画に関わる諸項目に着目した場合に，交通網の整備などといったまちづくりをめぐることではなく，市の名称や市役所の位置など，合併の本質とは必ずしも関係ない要因によって賛否の行動が決定されていた側面が多分にあるということがいえる。また，蓮田・白岡・菖蒲の事例においては，新市名称や新市庁舎位置などの要因も各市町で一定に作用したわけではなく，合併をめぐる

各市町の政治過程の違いなどがそのことに対して影響しているであろうことは，すでに述べたとおりである。既述したように，同一の合併枠組みをめぐって3市町村以上で同時に住民投票を実施した場合には，合併成立の方向で投票結果が一致した事例は皆無であったわけだが，各市町村間で合併に関する政治過程を十分に共有できなかったことが，こうしたタイプの住民投票によって合併が相次いで白紙となった理由の一つであるといってよいだろう。

5．終わりに

　政党支持や行政に対する満足度，首長への業績評価といった有権者の政治意識，あるいはさまざまな種類の政治的情報に着目しただけでも，住民投票における賛否の行動に対しては，多種多様な要因が関係していることが本章の分析から明らかとなった。加えて，同一の合併パターンをめぐる住民投票について自治体間比較を行った場合にも，賛否の行動の決定要因は一様ではないことが示された。

　政党支持に関しては，分析モデルに投入した種々の変数の中でも最もロバストな結果を示し，自民党支持と反対投票との間にマイナスの方向で強い有意性のあることが確認された。政党支持と投票行動との間に有意な相関関係が示された点は，海外の先行研究とも合致する部分であり，たいへん興味深い。ただ，すでに述べたように，ここで扱ったケースは合併問題および基地問題に関する住民投票であり，いずれの問題も多分に党派性を帯びたイシューであることから，ある面では当然の結果と見ることもできる。たとえば，近年になって住民投票運動が盛んな駅前再開発の問題など，党派性の入り込む余地が少ないと思われる政策課題を住民投票で問うケースに関して分析が可能となれば，また違った結果が得られるかもしれない。

　行政満足度については，合併問題をめぐる住民投票のみに関しての分析となったが，有意性を示したのは，府中町，高石市，白岡町の3市町であった。推定結果が示唆しているのは，行政サービスに満足している人ほど合併反対票

を，行政に不満を持つ人ほど賛成票を投じる傾向があるということであったが，ただ，これら3市町は全国的に見れば比較的財政状況に余裕のある自治体であったことも否めず，財政事情などから止むに止まれず合併を選択したようなケースで同様の調査を行った場合には，行政満足度と投票行動との間に必ずしも明確な相関関係は表れない可能性もある。とはいえ，本章で分析した限りにおいては，行政に対してのある程度長期的な評価が賛否の行動に影響を与えていると捉えることができ，少なくとも合併問題をめぐる住民投票に関していえば，興味深い点といえる。

　業績評価に関しては，賛否の行動に対して，政党支持に匹敵するほどの影響力があったと捉えることができる。一連の調査はいずれも住民投票から概ね3ヵ月後に実施しているため，「○○市長のこれまでの業績をどのように評価しますか。」などのように尋ねてはいるものの，住民投票でテーマとなった合併問題や基地問題に関する「業績」を基準として回答が行われていた可能性も多分に考えられる。しかし，そうした影響を考慮してもなお，中長期的な首長に対する業績評価と投票行動との間には，比較的明確な相関関係が見られ，海外の先行研究において示されたのと同様に，住民投票における賛否の結果は，現職首長の市政に対する評価を一定程度まで反映したものとして表れていたということがいえる。

　また，政治的情報と投票行動との関係についても，やはり各事例間である程度まで共通の傾向が見出された。働きかけに関しては，事前に首長が表明した賛否の態度であったり，知人・友人の示す意見といったものが，各有権者が賛否の行動を決定するうえで重要なヒューリスティックとなっていることが，本章の分析から読み取れる。同時に，種々の情報源の中でも，行政が配布した資料や，賛成派・反対派などによるチラシなどが，投票行動に対して少なからぬ影響を及ぼしていることが，分析の結果から理解できる。こうしたことはすなわち，住民投票に際しては，どのような種類の情報がどの程度まで，どのような形によって流通するかによって，投票結果そのものが左右される可能性のあることを示唆している。

他方，合併の賛否をめぐる第4節（「複数自治体での同日実施」と賛否の行動）の分析には，住民投票を経て合併を成立させることの困難性が顕著に表れているといえよう。合併後の新市庁舎位置など，合併の本質からはややずれるが目に見えやすい対立点が一度顕著になると，それが有権者にとっては賛否を決定するうえでの大きな要因の一つとなる。このようなケースは，蓮田・白岡・菖蒲の住民投票に限らず，他の事例でも少なからずあったものと推測されるが，複数自治体で同時に住民投票を実施することで，そうした対立点もとりわけ表に出やすいという側面はあったと思われる。

本章で使用した4件の調査データのうち3件は，合併問題をめぐる住民投票について調査したものであるため，ここでの分析だけでは，我が国の住民投票全般に関して一般化することはまだまだ難しい面もあるのが事実である。しかしながら，海外の住民投票について分析した先行研究との共通点もいくつか見出され，今後の研究の進展に向けての第一歩となったといえるだろう。

1) 府中町では2002年6月9日に広島市との合併の是非をめぐって，高石市では2003年4月27日に堺市との合併の是非をめぐって，蓮田市・白岡町・菖蒲町では2005年1月30日にこれら1市2町による合併の是非をめぐって，また岩国市では2006年3月12日に米軍岩国基地への空母艦載機移駐の是非をめぐって，それぞれ住民投票が実施された。なお，これら4件の調査に関する詳細については，筆者のウェブサイトを参照されたい。
参照：http://www.fps.chuo-u.ac.jp/~rfrndm/chousa.html
2) ただし，府中町のケースに関しては，「広島市との合併」のほかに「単独市制」「そのまま町でいる」という「合併反対」との解釈も可能な二つの選択肢が設けられていたため，ここでは便宜上，両者を足し合わせて「反対」票と見なすこととする。なお，府中町の事例に関する詳細については，塩沢（2003）を参照。
3) 岩国市の事例に関する詳細については，塩沢（2007）を参照。
4) 同様の研究としてこのほかに，Tverdova and Anderson (2004), Claeke, Kornberg, and Stewart (2004) などを参照。
5) 表4-3の中で行政満足度が最も低いものの「反対多数」となった蓮田市については，また別の解釈が成立するが，それについては本章第4節（「複数自治体での同日実施」と賛否の行動）で後述する。
6) 高石市の事例に関する詳細な分析については，塩沢（2004）を参照。
7) なお，菖蒲町の推定結果の解釈については，やや注意を要する。表4-5から

読み取れるように，町長に対する業績評価は反対投票に対して正の効果を示しているにもかかわらず，町長による働きかけに関しては，係数はマイナスの値を示している。これについては，町長による働きかけを参考にした人のうち，投票先を答えた12人中9人が賛成票を投じたと回答しているものの，この数字自体は極めて少ない。全体として，菖蒲町では反対票を投じた人の割合が比較的多いことから，菖蒲町の町長による働きかけに関しては，擬似相関である可能性が高いと考えられる。

8) なお，いずれの調査においても，選択肢は「賛成派・反対派などのチラシ」としているため，各回答者が賛否両派のどちらのチラシを参照したのか，あるいは両方とも参照したのかということまでは把握できない。ただ，ここでは反対票に対して正の方向で有意となっていることから，反対派のチラシは「反対」への投票に対しプラスに働き，賛成派のチラシはマイナスに働いていると捉えることはでき，その点において，本章の分析は十分に意義のあるものと思われる。

9) なお，蓮田市は人口63,474人，面積27.27km^2，白岡町は人口48,389人，面積24.88km^2，菖蒲町は人口21,425人，面積27.37km^{2}で，1市2町とも面積はほぼ同じ，人口規模の面でも比較的似通った自治体同士で行われた合併協議であった。(データはすべて2005年国勢調査による。)

10) 地下鉄7号線の延伸計画は，2001年3月に開通した埼玉高速鉄道の終点・浦和美園駅からさいたま市岩槻区を経由してJR蓮田駅まで通すもので，また圏央道に関しては，1996年3月に開通した鶴ヶ島～青梅間を皮切りに，横浜市，厚木市，八王子市，川越市，つくば市，成田市，木更津市などの主要都市を環状に結ぶ幹線道路として計画されている。しかし，これらの計画をめぐっては，国・県との費用負担の問題や用地取得の難航などにより，蓮田・白岡・菖蒲地域における開通の見通しについては，住民投票が行われる以前から厳しい状況が伝えられていた。ちなみに，圏央道は2012年度に埼玉県内の全線の開通を予定している。なお，これらの計画に関しては，以下のウェブサイトを参照。
地下鉄7号線：http://www.city.hasuda.saitama.jp/section/hp_kikaku/chika7
圏央道：http://www.ktr.mlit.go.jp/oomiya/02 sigoto/468/index.htm

11) なお，住民投票当時の蓮田市長・樋口暁子は1998年の初当選以来，市長を2期8年務めてきたが，2006年の市長選で前市議会議員の新人・中野和信に敗れ，3選を阻まれている。

12) 新市名称「彩野市」の決定過程は，以下のとおりである。公募の中から投票で彩野・南彩・元荒川・南埼玉・武州─の計5件に絞り，再び投票で南彩・彩野・南埼玉の3件にした後，挙手で採決。南彩(10人)，彩野(7人)，南埼玉(4人)と，協議会の委員21人に対して規定の3分の2以上の賛成を得た案がなかったため，上位の南彩と彩野で「出席者の過半数以上」の条件で決選投票し，11票を取った彩野に決まった。なお公募で彩野は，応募10件で45位だった(『埼玉新聞』2004年5月22日)。

参 考 文 献

1. Bowler, Shaun and Todd Donovan (1998) *Demanding Choices : Opinion, Voting, and Direct Democracy*, The University of Michigan Press.
2. Clarke, Harold D., Allan Kornberg and Marianne C. Stewart. 2004. "Referendum Voting as political Choice : The Case of Quebec". *British Journal of political Science*, 34, pp. 345-355.
3. Franklin, Mark N. 2002. "Learning from the Danish case : A comment on Palle Svensson's critique of the Franklin thesis". *European Journal of Political Research*, 41, 751-757.
4. Franklin, Mark., Micheal Marsh and Christopher Wlezien. 1994. "Attitudes toward Europe and Referendum Votes : A Response to Siune and Svensson". *Electoral Studies*, 13, pp. 117-121.
5. Franklin, Mark N., Cees van der Eijk and Micheal Marsh. 1995. "Referendum Outcomes and Trust in Government : Public Support for Europe in the Wake of Maastricht". *West European Politics*, 18, pp. 101-117.
6. LeDuc, Lawrence. 2002. "Opinion change and voting behaviour in referendums". *European Journal of Political Research*, 41, pp. 711-732.
7. 塩沢健一 (2003)「『3択』に対する有権者の投票行動 ―広島県府中町の住民投票を事例として―」公共選択学会第7回全国大会（於：広島大学）報告論文。
8. 塩沢健一 (2004)「同日実施された住民投票・市長選挙の分析 ―大阪府高石市における調査データをもとに―」,『選挙学会紀要』第3号, 33-54ページ。
9. 塩沢健一 (2007)「『民意』は一通りではない ―山口県岩国市における米軍再編問題と住民投票・市長選挙―」日本選挙学会2007年度全国大会（於：神戸大学）報告論文。
10. Tverdova, Y. V. and C. J. Anderson. 2004. "Choosing the West? Referendum choices on EU membership in east-central Europe". *Electoral Studies*, 23, pp. 185-208.

※ 本章は，2007年度中央大学総合政策研究科博士論文「住民投票における有権者の投票行動」の一部に加筆・修正したものである。

第 5 章
投票率の基礎データと分析
——＜結果調データ＞の検討を中心として——

宮 野　　勝

1. はじめに

　国政選挙の投票率に関して，特に社会変動や年齢・世代の関係を検討するために，どのようなデータが適切か考察する[1]。具体的な課題として，1．日本について，世代・年代・時代の効果の推定に使うためにふさわしい基礎的な投票率データは何か，2．そのデータで生じる誤差の原因は何か，またデータの精度はどのくらいか，3．そのデータを補正してさらに精度を上げる方法はあるか，などを考察する。また，4．選んだデータを用いて近年の投票率低下の原因をどのくらい推測できるか，5．米国に関する投票率データとの比較で何がわかりそうか，を検討する。

2. 日本の世代・年代・時代別投票率を推定するための基礎データ

(1) 投票率に関する各種データ

　国政選挙の投票率に関して社会変動と年齢・世代の関係を論じるためには，選挙ごとに全国の各年齢層の投票率のデータが必要になる。どのようなデータ

の利用が考えられるだろうか。

投票率一般であれば，第一に選挙結果データが利用可能であり，確実である。たとえば Kohno (1997) は全国の選挙結果データをもとに1996年衆院選の投票率低下を論じている。投票率の選挙結果データは，全国だけではなく，県別・男女別にも公開されており，また市区町村別投票率も入手可能かもしれない（注：全国・県別・男女別は，総務庁統計局データが利用可能。市区町村別は，近年であれば新聞社の CD–ROM で利用可能）。しかし，残念ながら年齢別の詳細な投票率データは，一般には公表されていないと思われる。そうであれば，年齢別投票率に関しては，選挙結果データでは十分な分析ができない。

第二に，サーベイデータの利用を考えられる。同一主体がある程度継続的に実施してきている全国調査が存在する。1970年代からのデータが個票レベルで研究者に公開されている明るい選挙推進協会（以下，「明推協」と呼ぶ）の国政選挙後調査や1990年代の JES 調査などを用いれば，年齢別の投票率の推定値が得られ，時系列的な比較も可能である。

しかし，サーベイデータで年齢別投票率を推測するには難点もある。宮野 (1986) で示したように，投票率についてのサーベイデータには，サンプリングに伴う「標本誤差」のほかに，比較的大きな「非回答バイアス」と「誤答」が混じると予想されるためである。実際，サーベイデータにおける「投票」に関する質問から計算した投票率は，実際の選挙結果よりも，たとえば15～20%も高くなるが，この誤差の大部分は，非回答バイアスと誤答の効果の和であると推測している（宮野：1986)[2]。このため，サーベイデータの限界を認識して他のデータと相補的に用いること，またどのように相補的に用いるべきかを検討することが必要になる。

第三に，実はこのほかに，年齢別投票率に関して，選挙結果それ自体でもなくサーベイデータでもないデータが存在する。自治省あるいは明るい選挙推進連盟（以下，明推協と呼ぶ）が公表してきている都市規模別の「年齢別投票状況」の推定値である。このデータは，以前は自治省発行の「選挙結果調」の巻末に掲載されていた。近年の「選挙結果調」は総務庁の HP に掲載されているが，

年代別投票率の推定値は含まれていない。代わりに明推協の HP（明るい選挙推進連盟の URL は，http://www.akaruisenkyo.or.jp/）が立ち上がっており，そちらに直近の選挙の都市規模別・年齢別投票率の推定値が掲載されている（選挙実施から HP 掲載まで，たとえば 1〜2 年ほどの，タイムラグがあるようだ）。このデータを仮に＜結果調データ＞と呼んでおく[3]。　このデータは投票率研究には大きな強みを持つと考えるが，投票率の研究に従来あまり利用されてきていないし，データの特徴について検討されてきていないようである。そこで，この＜結果調データ＞の特徴を改めて示し，その精度（誤差の種類と大きさ），誤差を補正する可能性などについて考察する。

(2) 投票率に関する＜結果調データ＞と誤差の特徴

＜結果調データ＞は，全国の約 5 万の投票区から一定の基準で投票区を抽出し，抽出された投票区について投票記録を全数調査したデータであるようだ。たとえば，第43回衆院選（2003年11月9日投票）については，「全国53,386投票区の中から標準的な投票率を示す投票区を各都道府県の市区町村から原則として1投票区ずつ，計151投票区について抽出し，その年齢別投票率の平均的傾向を求めたものです。」とある〔http://www.akaruisenkyo.or.jp/various/09/index.html（注：2006年1月15日閲覧。2008年9月2日現在，この2003年衆院選のページはなくなり，衆院選は2005年データが中心になっている）〕。

投票区の抽出に際しては当然ながら「標本誤差」が生じるであろう（注：この「標本誤差」には，複数の誤差原因が絡んでいる。後述。）が，投票区を抽出した後は投票記録に基づいた全数調査であるらしい。そうであれば，投票区内での個人の抽出に関する標本誤差はなく，また抽出された投票区内での「非回答バイアス」と「誤答」も原則的にない。したがって投票区の抽出に関する「標本誤差」のみに注意すれば足りる。

それでは，投票区の抽出に関連した「標本誤差」はどのくらいの大きさであろうか。たとえば2003年衆院選に関して，＜結果調データ＞では，全国から151投票区を抽出し，その結果，約30万（296,964）人の有権者が対象となり，そ

の中での投票者総数は約18万（183,259）人で，投票率は61.71%であった。2003年衆院選の実際の全国の選挙結果は59.86%であるので，誤差は＋1.85%である（注：2005年データでは，誤差は＋0.73%になった）。サーベイデータの誤差とは一桁違う。

そのうえ，この誤差の方向と大きさは，表5-1に見られるように，安定的であり，選挙ごとの変動は大きいとはいえない。すなわち，表5-1の1989年から2005年の12回の国政選挙において，誤差は，＋0.7%～＋3.9%，平均＋2.4%である。また，特に1996年以降の7回に限定すれば，誤差は，＋0.7%～＋2.5%，平均＋1.7%と縮小している。いずれにせよ，投票率に関して，＜結果調データ＞における誤差の大きさは，サーベイデータにおける誤差よりもずっと小さい。

表 5-1 ：＜結果調データ＞と選挙結果の投票率の比較

	結果調データ	選挙結果	差
2005衆院	68.24	67.51	0.73
2004参院	57.97	56.57	1.40
2003衆院	61.71	59.86	1.85
2001参院	58.95	56.44	2.51
2000衆院	63.95	62.49	1.46
1998参院	60.55	58.84	1.71
1996衆院	61.92	59.65	2.27
1995参院	48.16	44.52	3.64
1993衆院	70.54	67.26	3.28
1992参院	54.59	50.72	3.87
1990衆院	76.91	73.31	3.60
1989参院	67.34	65.02	2.32

出所）＜結果調データ＞と選挙結果データ　詳細は＜付録1, 2＞参照。　単位：%

この誤差の小ささと安定性は，この誤差が生じている理由に関連する。先ほど述べたように，この誤差は，基本的に投票区を選び出すときのサンプリングに関連した標本誤差であると推測される。つまり「各都道府県の市区町村から原則として1投票区ずつ」選び出した結果を単純に合計しているための誤差であろう。

まず，各都道府県の市区町村別の投票率と「標準的な投票率を示す」投票区の投票率との間で若干の差が生じているであろう。この誤差の程度については不明である。しかし，これ以外に確実に影響していると推測されるのは，結果を単純に合計していることから生じる誤差である。合計するときに，第一に，市・区・町・村による総有権者数の差を考慮していない，第二に，県別の総有権者数の差に配慮していない，第三に，選ばれた投票区の大きさを考慮していない，などが誤差の原因となっていると推測される。次節で，より詳細にこの点を検討しよう。

(3) ＜結果調データ＞における合計投票率と誤差

投票者数をX, 有権者数をY, 投票率をV, とする。県番号をi (i=1, ……, 47) とし，区・市・町・村の別をj (区ならj=1, 市ならj=2, 町ならj=3, 村ならj=4) とし，投票区番号をkで表すことにする。

すると，第 (i) 県の投票者数はXi, 有権者数はYi, 投票率は，Vi, と表せる。たとえば，東京都の県番号を13とすると，東京都全体の投票者数はX13, 有権者数はY13, 投票率はV13＝X13÷Y13, となる。

また，第 (i) 県の (j) 部全体の投票者数はXi・j, 有権者数はYi・j, 投票率は，Vi・j, と表せる。たとえば，東京都 (i=13) の市部 (j=2) 全体の投票者数はX13・2, 有権者数はY13・2, 投票率は，V13・2＝X13・2÷Y13・2, となる（全国を区・市・町・村別に合計するときは，県番号のかわりにnを入れ，Vn・jなどと表すことにする。たとえば，全国の市部全体の投票率は，Vn・2になる）。

さらに，第 (i・j・k) 投票区の投票者数をXi・j・k, 有権者数をYi・j・kとすると，第 (i・j・k) 投票区の投票率は，Vi・j・k＝Xi・j・k÷Yi・j・kと

なる。たとえば，東京都の市部の投票区 k の投票者数は X13・2・k，有権者数は Y13・2・k となり，したがって，投票率は V13・2・k＝X13・2・k÷Y13・2・k となる。

＜結果調データ＞では，各県ごとに，(区) 市町村から「標準的な投票率を示す投票区」を一つずつ選んだのであった。「標準的」＝「平均に近い」と解釈するならば，＜結果調データ＞で選ばれた投票区の投票率 Vi・j・k は，第 i 県の区・市・町・村別の投票率 Vi・j の推定値として誤差が少ない（ただし存在する）ことになる (Vi・j≒Vi・j・k)。

しかし各県（i＝1，……，47）の投票率 Vi を推定するために，選ばれた投票区の投票者数 Xi・j・k と有権者数 Yi・j・k を単純に j について加算した数値を用いて投票率を計算するならば (Vi ≒ Σj (Xi・j・k)÷Σj (Yi・j・k))，新たな誤差が生じる。つまり，選ばれた投票区の有権者数の比 (Yi・1・k：Yi・2・k：Yi・3・k：Yi・4・k) と区市町村別の有権者の比 (Yi・1：Yi・2：Yi・3：Yi・4) との一致度が低い県ほど，また各投票区の投票率 Vi・j・k が互いに異なる県ほど，一般には誤差が大きくなる。

また全国の区・市・町・村別（j＝1，2，3，4）の投票率 Vn・j を推定するときに，選ばれた投票区の投票者数 Xi・j・k と有権者数 Yi・j・k を単純に i について加算した数値で計算するならば (Vn・j ≒ Σi (Xi・j・k)÷Σi (Yi・j・k))，新たな誤差を生じる。各県の (区) 市町村で選ばれた投票区の有権者数の比（たとえば，j＝3 であれば，Y1・3・k：Y2・3・k：……：Y47・3・k）と各県の (区) 市町村の有権者数の比（j＝3 であれば，Y1・3：Y2・3：……：Y47・3）との一致度が低いほど，また各県の区市町村別の投票率 Vi・j・k が互いに異なるほど，一般には誤差が大きくなる可能性がある。

全国の投票率 Vn は，選ばれた投票区の投票者数 Xi・j・k と有権者数 Yi・j・k を単純に i と j とについて加算 (Vn ≒ Σij (Xi・j・k)÷Σij (Yi・j・k)) して計算すると，i に関する誤差・j に関する誤差などが累積する。ただし，誤差の方向が反対であれば打ち消しあうことになる。

年齢別投票率の誤差はどうだろうか。選ばれた投票区内での年齢別投票率に

ついては誤差がないと思われるし，選ばれた投票区の全体投票率は「標準的」な投票率を示すはずである。しかしその投票区の年齢別投票率が県別・市区町村別の年齢別投票率の推定値としてどのくらいの精度があるかは明らかではない。大きな誤差はない場合が多いと推測しているが，誤差の程度は不明である。それ以外には，先の全体投票率と同じ種類の誤差が生じうる。

(4) ＜結果調データ＞における投票率の補正可能性と
区・市・町・村別投票率の誤差

＜結果調データ＞では，全国投票率の計算に際し，得られたデータを単純に加算しているため，第1点（市・区・町・村による総有権者数の差を考慮していない点）は明らかに上記の誤差の原因となっていると思われるが，この点は補正が可能であると思われる。すなわちこの第1点は，市・区・町・村による総有権者数でウェイトづけしてから加算すれば，実際の投票結果に近づく可能性が高い。

一例として，2003年衆院選データで簡単な補正を試みる。2003年衆院選に関する＜結果調データ＞の投票率は，区部57.55%，市部60.08%，町部64.31%，村部67.46%である。また＜結果調データ＞の有権者数の割合は，結果的に，市・区・町・村で，17%・43%・24%・15%（小数点以下四捨五入）になっていた。これに対し，実際の選挙結果における市・区・町・村の有権者数の比率は，23%，56%，19%，2%であった（朝日データCD-ROMから計算した）ので，＜結果調データ＞で人数割当率が高い町部や村部の高めの投票率が全国投票率を過剰に押し上げていると推測される。市区町村別投票率として上記の＜結果調データ＞の数値を用い，実際の選挙での市・区・町・村の有権者数比率でウェイトをつけて加算すると，全国投票率は，60.4%となる。選挙結果における投票率59.9%との差は＋1.85%から＋0.5%に縮小する。

補正してもなお残る＋0.5%の誤差は，区・市・町・村別に集計した投票率に誤差があるためである。＜結果調データ＞の区・市・町・村別の投票率の推定値ごとに，実際の選挙結果（朝日データCD-ROMから計算）と比較してみよ

う。2003年衆院選に関しては，明推協の投票率と選挙結果とでは，区・市・町・村について，それぞれ，＋1.4%・＋1.0%・－1.5%・－2.5%の誤差があった。先の全国集計値とは方向・大きさが異なるが，この場合，先ほどの第二・第三の誤差原因が働くからだと推測する（この誤差の大きさと方向も系統的であると予想しているが，この点は未検討である）。

＜結果調データ＞の持つ誤差の原因とその大きさについて議論してきたが，年齢別投票率それ自体の誤差については厳密には検討できていない。しかし，以上の検討から，＜結果調データ＞は全体的に誤差が少なめのデータであり，サーベイデータなどと比べ，投票率の年齢別推定値として相対的には適していると考えている。

そこで試みとして，全国集計の年齢別推定値や市区町村別の年齢別推定値の誤差もそれほど大きなものではないと仮定しつつ，＜結果調データ＞を用いることで近年の投票率低下の説明に何かを加えることができるか，検討してみよう[4]。

3．日本における近年の投票率低下とその原因

(1) 近年の衆院選投票率は，いつ・どのくらい低下したか

近年の衆院選の投票率を選挙結果データに基づき，男女別に図 5-1 に示した。1996年・2000年・2003年と，60%前後でほぼ横ばいである。男女とも1960年から1993年までの60%代後半〜75%と全く異なる水準にとどまっている。この理由の一端を解明したい（図 5-1，図 5-2 など，選挙結果における投票率のデータは，明るい選挙推進連盟のHPを用いた。投票率関連は，http://www.akaruisenkyo.or.jp/various/index.html：2006年1月15日閲覧。2008年9月2日現在では，変更になっている。なお，2005年衆院選の投票率は，久しぶりに65%を越えた）。

図 5-1 に見られるように，衆院選の投票率に関して1960年までは約5%以上の男女差があったが，それ以降の男女差は劇的に縮小し，1969年には男女逆

図 5-1：選挙結果にみる衆院選の男女別投票率（1946−2005）

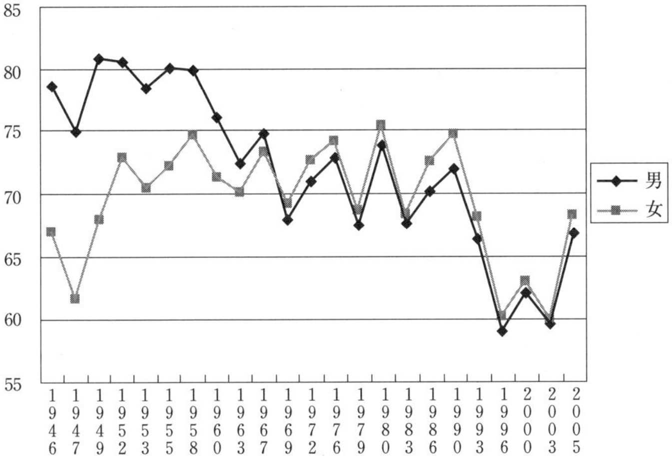

出所）明推協 HP の選挙結果データ　詳細は＜付録 2 ＞参照。　単位：％

転するとともに，最大で2.7％，平均で 2 ％弱の差になっている。

　さて，図 5-1 から投票率低下について考えよう。まずいつからいつの低下を減少として捉えるかという，説明対象の選択の問題がある。「1990年から1996年」を低下として捉える考え方もありうるし，また1993年は低下とは捉えず，たとえば「1979年から1993年」までと比べて「1996年から2003年」の低さを低下と捉える考え方もありえよう。

　1979年以降の衆院選について考えてみよう。1980年・1986年はいわゆる「衆参同日選挙」のため，投票率は本来の衆院単独選挙の水準以上に上がったと考えるべきであろう。そこでこの 2 回は除外して考える。すると，1979年から1993年までの衆院選は 4 回に過ぎず，このうち1993年の投票率は，1979年・1983年と極めて近い。唯一の例外が1990年衆院選であり，投票率が高かった。しかしこのときは1989年参院選での「自民大敗」ショックの直後であり，自民党が必死に有権者の動員に力を入れ，動員に成功したとされる選挙であった。

　そこで，1979・1983・1993年のレベルから，1996・2000・2003年のレベルへの低下を問題にしてみよう（2005年は，1979・1983・1993年のレベルに戻ったとも

いえる。いま少し遡って衆院選の投票率を眺めるなら，1969年衆院選は1979年レベルであり，1972年・1976年は1990年に近い高投票率を示していた）。

参考のために，参院の男女別投票率を図 5-2 に示す。衆議院と参議院との相違があり，また各回の選挙の特殊要因が働くこともあるが，同時期には衆参を問わずに同様の要因が働いているわけで，衆参の別や個別要因を考慮しつつ解釈するならば，全体的な説明の適合性をチェックするためには役に立つ。

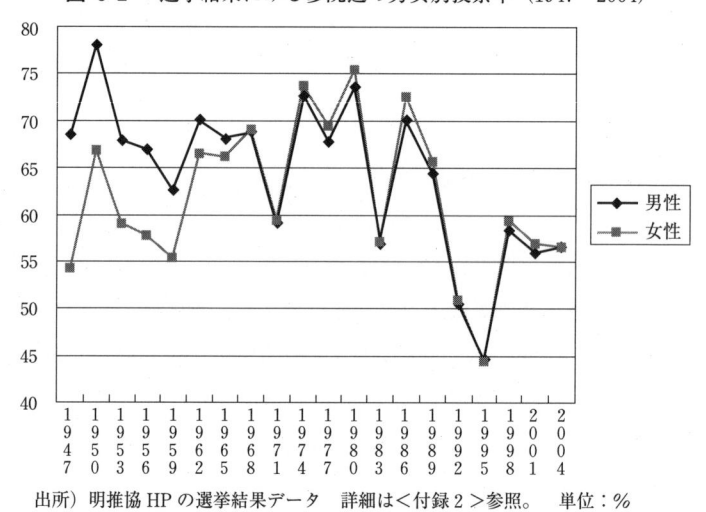

図 5-2 ：選挙結果にみる参院選の男女別投票率（1947‐2004）

出所）明推協 HP の選挙結果データ　詳細は＜付録 2 ＞参照。　単位：％

1980年と1986年の衆参同日選挙を除いて，図 5-1 と図 5-2 を比べるといくつかの共通点を見て取れる。1960年くらいまでは男女別投票率に大きな差があったが1960年代後半にほぼ等しくなったこと，1969年衆院選・1971年参院選は低かったが，1972年衆院選から1977年参院選までは高かったこと，（衆参同日選挙を除くと）1979衆院選から1983年衆院選・参院選は低かったが，1989年参院選・1990衆院選は高かった，1992参院選・1995参院選は特別に低かったこと（この点を考えると1993年衆院選はその間としてはむしろ個別要因が働いて高かったのかもしれない），1996年衆院選から2004年参院選まではほぼ横ばいであるこ

と，などである。

(2) 年齢効果の時点変化

　衆院選で検討する。1993年と1996年とで有権者は大きくは入れ替わってはいないし，都市化も急には進んでいない。それにもかかわらず投票率は大きく落ちている。動員の効果が薄れたのか，政治不信が深まったのか，政党の離合集散に有権者が混乱したのか，それとも「投票に行かないキャンペーン」が功を奏したのだろうか。

　投票率の低下については，いくつかの異なったレベルの説明を考えられる。大きく分けると，ミクロレベルの変数による説明とマクロレベルの変数による説明である。

　マクロレベルの変数による説明の中の一つに，年齢・世代・時点による説明がある。マクロレベルで考えるときに，年齢・世代・時代による説明を試みることは，最初の接近として有用である。変化をいつ誰がもたらしたかについて見当がつくからである。さらに男女別などとサンプルを分けて年齢・世代・時代の効果を探ることができれば，解明力が増大する。そのうえで年齢・世代・時代の効果の背後に何らかの要因を考えることができる。マクロから進む場合には，まずマクロのどの属性がどのくらい効果を持つかを探った後で，効果を持つ属性の背景要因を探索することになる。このとき，少子化・高齢化の影響などの人口の年齢構成の大きな変化も，年齢・世代・時代モデルと絡めつつも，別途考慮する必要がある（ミクロからマクロへ進む場合は，ミクロの仮説から予想される変化がマクロで観測されるか否かを調べていくことになろう）。

　従来，投票率に関しては明らかな年齢効果があることが示されてきているが，近年の「変化」について説明するためには，図5-1で見る限り，まず時点効果が予想される。衆院選では，1993年（あるいは1990年）から1996年という短期間で急激に落ち，その後安定しているからである（参院選では，1992年・1995年で急落し，その後若干回復して安定している）。このような急激な変動は単純な年齢効果や世代効果では説明できない。

ただし、この時点効果が年齢・世代を通じた一律の時点効果か、それとも特定の誰かによる時点効果かは、別途検討が必要になる。性別・年齢・都市規模別について、考えてみよう。このためには、＜結果調データ＞がたいへん有効である。

まず性別であるが、図 5-1 で見る限り低下の仕方に男女差は見られないので、性別は低下の原因ではないと予想するので、省略する。

次に年齢である。＜結果調データ＞を用い年齢別投票率をグラフに描き、1969年から2000年の総選挙を比較してみる。図 5-3 では、5年ごとの変化を見るために、1969年から2000年の総選挙のうち、最後の一桁が0または5か、それから1違いの年の総選挙に限ってグラフ化し、比較してみた（69, 76, 79, 86, 90, 96, 00）。これにより、ほぼ5年おきのデータとなっている（注：1980年については、1980年も1979年もこの基準を満たすが、1980年データは1976年データと酷似しているため、1980年でなく1979年を用いた。ただしどちらを用いても以下の議論には影響しない）。

図 5-3 では、はっきりと2種類のラインに分かれている。1969年から1990

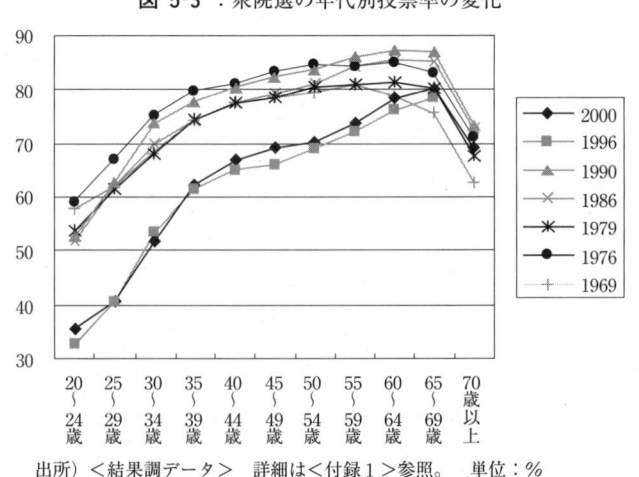

図 5-3 ：衆院選の年代別投票率の変化

出所）＜結果調データ＞　詳細は＜付録1＞参照。　単位：％

年までの約20年間はほぼ同じラインであり，これに対し，1996年・2000年は60歳未満で著しくそれまでのラインから乖離している（1969年から2003年までのすべての衆院選のデータで同様のグラフを描いても同じ結論になるが，やや繁雑になるため本稿では簡略版を紹介している）。

　すなわち，90年代末の投票率低下は，一律の時点効果ではなく，年代別投票率のラインが移動したことによる時点効果である。つまり60歳未満の有権者による時点効果である。60歳以上の高齢者の投票行動は変化が見えないが，60歳未満の人々の行動パタンが変化したのである。

　年齢別の行動パタンが変化したとき，その影響の仕方は年齢別人口の分布によって異なってくる。若者が多い社会状況と高齢化社会とでは，年齢別投票率のラインの変化の重みが異なってくる。図5-4には国勢調査データを用い，1970年と2000年との，20歳以上人口の年齢別構成比率の変化を示した（国勢調査データは5年ごとに集められているが，1950年からのデータをグラフ化したものは特徴をつかみにくくなるため，2回分のデータのみを用いた。1950年から1970年までは人口構成が類似しているため，現在により近い1970年を選んだ）。図5-4は，若者の比率の減少と，高齢者の比率の増大がどの程度のものかを示している。

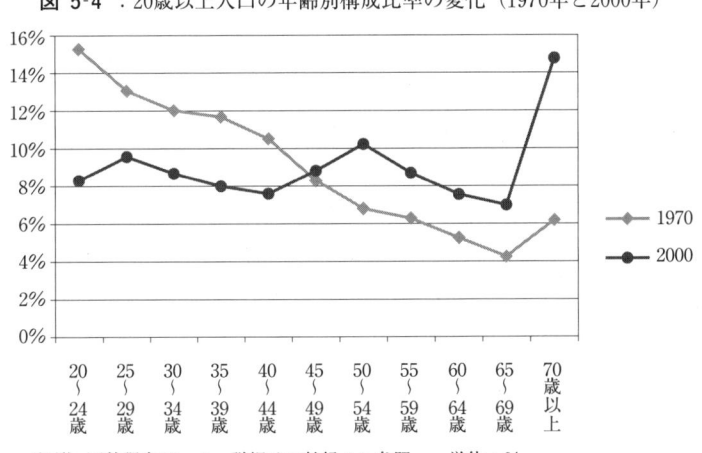

図5-4：20歳以上人口の年齢別構成比率の変化（1970年と2000年）

出所）国勢調査データ　詳細は＜付録3＞参照。　単位：％

高齢化が進んで高齢者人口が増えているため，高齢者の投票率の変動が小さいことは，投票率の安定に貢献していることになる。若年層の投票率低下も，若年層の人口比率の減少の分だけ影響は小さくなっている。もし人口構成が1970年水準であれば，年齢別投票率のラインの変化の影響はより大きなものになっていた。一例として，人口構成が1970年並みだったケースと2000年並みだったケースとで，投票率に与える影響を推定した。2000年の＜結果調データ＞の年齢別投票率を使って試算すると，高齢化は投票率を約5％ほど押し上げていることになった。

(3) 区・市・町・村の年齢別投票率
―― 1969年と2000年の総選挙投票率の比較 ――

次に，区部・市部・町部・村部別の年齢別投票率について変化を眺めるために＜結果調データ＞を用いる。先に述べたように，このデータは市区町村別の抽出率の相違が影響しないため，非標本誤差が原則的にないほかに，標本誤差も小さいはずである（くり返しになるが，2003年衆院選データに関しては，区・市部で＋1.4％・＋1.0％，町・村部で－1.5％・－2.5％の誤差であった。この誤差が系統的・安定的なものであれば，変化を眺めるときには影響は小さい）。

典型的と思われるケースとして，1969年と2000年とを選び，＜結果調データ＞を用いて区・市・町・村別の投票率を比べる。この2回の衆院選では，区・市・町・村の全年齢投票率は，区部は＋1％で，ほぼ変わっていない。しかし，市部・町部は，－8％，－7％と，大きく下落している。村部も－5％である。

図5-5・図5-6に，1969年・2000年の区・市・町・村別年齢別投票率のグラフを示した。分布全体の特徴としては，1969年には区部が市部・町部・村部から大きく乖離していた。しかし，2000年には，区部の変化は少な目だったのに対し，市部・町部・村部が，区部のほうに大きく近づいた。特に市部の年齢別グラフは，2000年には，区部の年齢別グラフに大きく近づいた。

図5-5・図5-6をより詳細に比べよう。若年（20-34歳）では，区部でも

図 5-5：衆院選の区市町村別・年代別投票率（1969年）

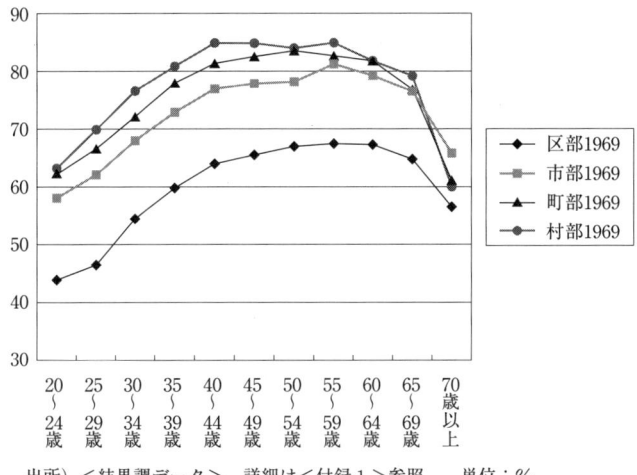

出所）＜結果調データ＞　詳細は＜付録1＞参照。　単位：％

図 5-6：衆院選の区市町村別・年代別投票率（2000年）

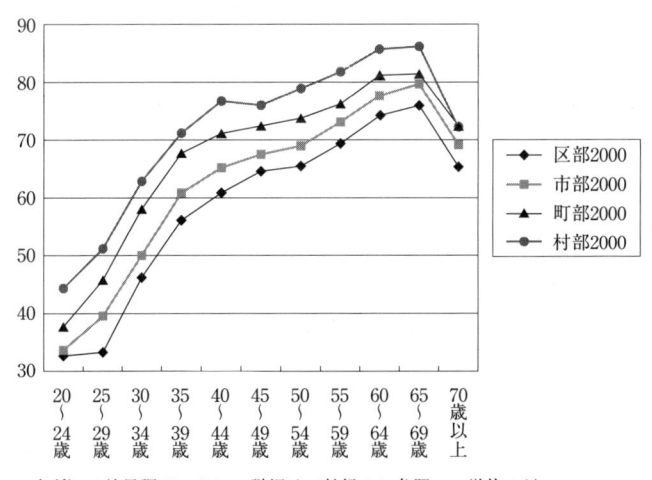

出所）＜結果調データ＞　詳細は＜付録1＞参照。　単位：％

10％前後の下落であるが，市部・町部・村部は20－25％下落し，区部の若者に肉薄している。中年（35－59歳）では，区部では変化がないが，市部・町部では10％前後下落し，ここでも区部に近づいた。高年（60歳以上）では，区部で

は10%前後上昇して若年層の減少を補って1969年の市部と重なり，市部・町部・村部ではほぼ横ばいである（町部・村部の70歳以上は10%程度増加している）。

都市規模別の行動パタンが変化したとき，その影響の仕方は都市規模別人口の分布によって異なってくる。町村居住者が多い社会と大都市居住者が多い社会とで，都市規模別の投票行動の変化の影響の仕方が異なってくる。図 5-7 に国勢調査データを用い，自民党政権が始まった1955年から2000年までの，人口の都市規模別構成比率の変化を示した。1955年から1975年までは都市規模別の居住地は大きく変化し（町村居住者は20年間で20%弱の減少）都市部居住者が増えているが，1975年から2000年にかけては変化はずっと緩やか（町村居住者は25年間で3%弱の減少）だった（図 5-5・図 5-6 で1969年と2000年を比べたが，国勢調査年の1970年と2000年とでは，町村居住者は30年間で7%弱の減少であった）。

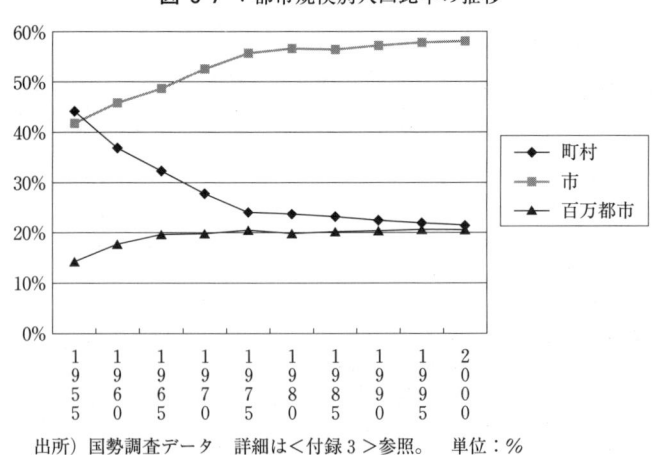

図 5-7：都市規模別人口比率の推移

出所）国勢調査データ　詳細は＜付録3＞参照。　単位：%

(4) ミクロ・レベルでの投票率変化の説明

以上，マクロ・レベルにおける若年・中年層での投票率ラインの低下現象，市町村の区部化現象，の2点を指摘した。ところで，問題はさらに追及でき

る。このようなマクロ・レベルでの変化がなぜ生じたかをミクロ・レベルで説明することである。

　ミクロ・レベルで，人はなぜ投票に行くのか。実はこの問題は，難問で，十分な答えは出されていない。投票に関するミクロの理論では，1．選挙結果への関心・利害，2．選挙結果への影響力（その認知度），3．投票の義務感，4．投票のコスト，といった4条件が提起されてきている。ただし，これらは大枠に過ぎず，この中でさまざまな要因を具体的に考えなければならない。そのうえ，これらは元来，1時点での投票率の高低の説明であり，われわれが必要とする時系列での投票率の変化の説明にも適用可能か否か配慮しつつ検討せねばならない。以下では，年齢による投票ラインの低下に関するミクロの理由への探索例を示してみよう。

　先のミクロ投票行動の理論における第一条件である選挙結果への関心・利害に影響を与える要因は遠近さまざまなものがありうるが，近い要因として，政治関心・政党支持・候補者間の差異をあげられよう。たとえば，政党支持なしが増えると，どの政党が勝っても同じと考える者が増え，選挙結果への関心・利害が弱まると予想される。

　それでは，なぜ1990年代後半に急に60歳未満の有権者の投票行動パタンが変化したのだろうか。三船（2005）は，サーベイデータを用い，1990年代の投票率低下を「政党支持」の低下または「政治関心」の低下で説明した。より具体的には，1990年代の投票率低下を二つのデータセットの2次分析を通じて比較し，明推協サーベイデータでは政治関心の低下が主原因であり，JESⅡデータでは政党支持の低下が主原因であるとしている。いずれにせよ，先の4条件の中では，「1．選挙結果への関心・利害」に該当するのではないか。

　それでは，政党支持または政治関心は，いつ頃・なぜ低下したのだろうか〔三船（2005）は，さらに政党支持や政治関心の低下の説明をパス解析で試みようとしているが，使用しているデータは各年のデータであり，直接的には変化を説明するパスモデルではないようだ〕。宮野（2000）では，1990年代の政党支持の低下が，細川内閣崩壊と自社連立政権成立と相関していることを指摘した。引用しよう。

1990年代，特に1994年以降，「政党支持なし」派が著しく増えた。世論調査で特定の政党を支持すると回答する層は大幅に減り，「政党支持なし」と答える層が大幅に増加した。1990年代の政党支持は，まず既成政党支持から新党支持へ移り，その後，新党支持から支持なしへと動いたように見える。一例として，1979年以来ほぼ毎月調べられてきている読売新聞世論調査の政党支持データを眺めてみよう。（中略）しかし，細川内閣末期（1994年2月調査）で45%を記録した後は，大きくは下落しなくなり，その後は，国政選挙がある月（あるいはその翌月）に限って40%を割ることがあるのみで，高い数値で推移している。中でも村山内閣中期（1995年5月調査）では57%を記録した。この支持なし比率の高位安定は，月例調査という範囲内での新しい現象である。94年以降，大きな変化があったことになる。時期を考えると，＜新党への失望＞と＜自社連立が有権者に与えた混乱＞とが，支持なし比率の高位安定の直接的な引き金であるように見える。

　先のマクロデータで見ると，20代の若い人の投票率が低くても，以前は35歳か40歳くらいになると投票率は高くなっていたが，近年は20代が低いだけでなく，30代・40代でもそれほど高くならないため，全体投票率が低くなっている。若い人の投票率が低い理由は，社会のさまざまな集団との結びつきの弱さが，一因と考えられてきている。加齢とともに，一般に職場や職業集団，地域集団，などさまざまなつながりが増えていき，それらが投票率を高めるように働くというのである。
　以上の議論を総合すると，政党の離合集散という事態が若者の社会との結びつきの弱さと相まって，90年代の政党支持下落・若者の投票率下落と結びついた可能性を指摘できる（年齢別の政党支持率については未検討である）。高齢者はすでに政党支持が固まっていて社会の変化や政党の変化の影響を受けにくいのか，あるいは，さまざまな集団との結びつきが強くて政党支持を変えにくいの

か，いずれにせよ，高齢者の棄権は増加しなかった。

2005年で55～59歳というのは，いわゆる団塊の世代である（この世代から政党支持が不安定化したと筆者は推測している）。この世代が60代になるとき，投票率は上がるのか否か，今後の政治動向にも影響され，また逆に影響することになろう。

4．米国投票率データの概観と日本との比較

アメリカについては，U.S. Census Bureau の Internet Release data をもとに，大統領選挙の年齢別投票率のグラフを描いてみる。このデータは Current Population Surveys において回答者に質問して得た答えを集計したもののようで，米国の実際の選挙結果と比べたときの誤差の大きさや，非回答バイアスや誤答の影響を免れている程度とか，日本の＜結果調データ＞との比較の適切性については，未検討である。

図 5-8 は，米大統領選の投票率の推移である（U.S. Census Bureau の Voting And Registration 参照。http://www.census.gov/population/www/socdemo/voting.html）。

図 5-9 は，1976年から2000年までの米大統領選の年齢別投票率である。年齢1歳刻みの投票率データを4歳ごとに区切り，その平均値を求めてプロットした（U.S. Census Bureau の Historical Voting and Registration Reports から，必要な年度の年齢別投票率を得た。http://www.census.gov/population/www/socdemo/voting/past-voting.html）。

このデータから見て取れることは，日本の衆院選の年齢別投票率に関する図 5-3 との類似性である。第一に，年齢効果が存在する。第二に，1976年～1992年の安定的なパタン（1976年の高齢層・1988年の若年層はやや外れている）から，1996年・2000年は，高齢層を除いて外れたラインを描いている（外れの程度は日本ほどではない）。ただし，2004年大統領選は全体投票率が回復し，異なったパタンが生じているようではある。

図 5-8 ：米大統領選の投票率の推移

出所）U. S. Census Bureau のデータ　詳細は＜付録4＞参照。　単位：％

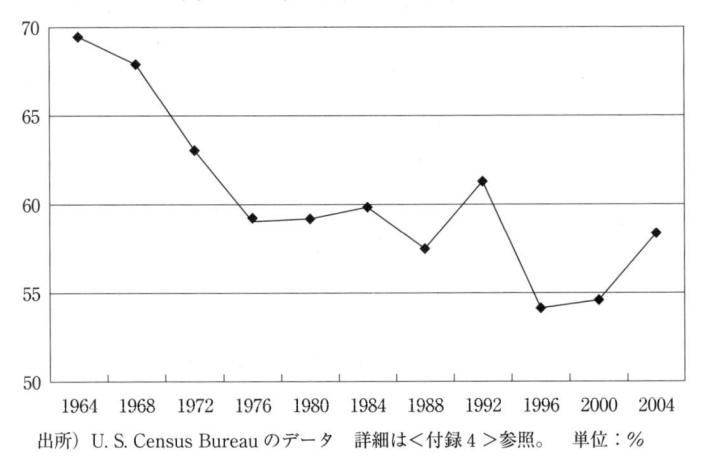

図 5-9 ：米大統領選の年齢別投票率の推移

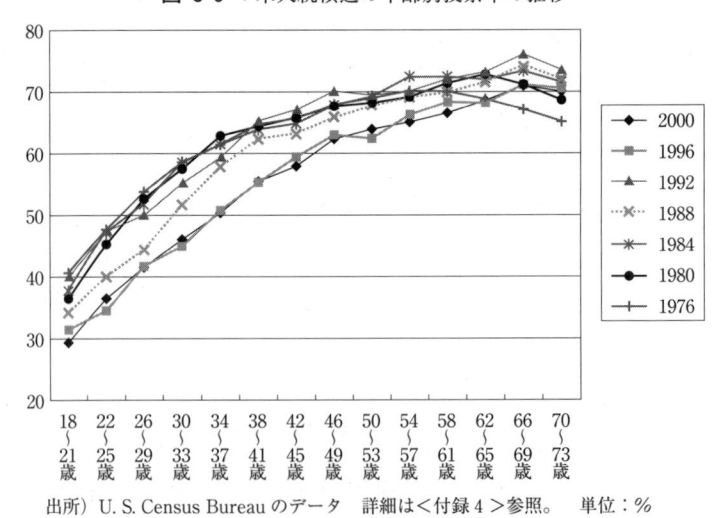

出所）U. S. Census Bureau のデータ　詳細は＜付録4＞参照。　単位：％

5. 結　　論

　第一に，＜結果調データ＞の誤差は，サーベイデータなどに比べてたいへん小さい。そのうえ，全国の年齢別投票率，また区市町村別年代別投票率の推定値が示されていて，投票率研究に有用であり，とりわけ年齢・世代・時代の効果を考える資料として貴重である。このデータが（少なくとも研究用途に）積極的に利用されるならば，投票率向上にとっても有益な知見を得ることが期待される。

　第二に，＜結果調データ＞のデータとしての性質を改めて検討した。誤差の原因は基本的に標本誤差であり，それも結果の集計の仕方による誤差であると推測した。そして，補正することで，＜結果調データ＞からさらに精度の高い推定値を得られる場合があることを示した。

　第三に，日米とも，1990年代後半に急激な投票率の低下を記録しているが，この投票率低下には年齢別投票率が描くラインの変化が関係している。具体的には，若年層・中年層の投票率低下が直接の原因である。年齢別投票率が描くラインは数十年という単位で安定的でありうるが，このラインは突如として短期間で変動しうる（日米比較は，一国単独のデータを眺めていたのではわからない類似した変動を考察する機会となりうる）。

　実際に，米国の2004年選挙では，若年層の投票率が大きく回復しており，若年層の投票率は短期間で大きく上下する。日本の2005年衆院選でも全体の投票率回復が著しかったが，若者の投票率も大きく上昇していた。＜結果調データ＞によると，2003年衆院選と比べるときの2005年衆院選における投票率上昇は，20〜30代前半で10.6%，30代後半〜50代後半で7.5%，60代で5.2%，70以上で1.7%であった。若年層では10%くらいが短期間で動いたことになる。

　第四に，1990年代の日本での投票率低下は，政党支持なしの増加と連動していると推測される。ということは，政党支持なしの増加が一時的な現象であるかどうかが問題になるが，政党の離合集散が収まり，また主要政党への信頼感

が醸成されれば，政党支持も回復し，同時に投票率も上昇する可能性がある。

1) 本稿は，世代・年代・時代別の投票率の推定それ自体を試みるものではない。その前段階として，そのためのデータに関して考察するものである。世代について言及されることは少なくないが，定量的なデータを用いた学術的な比較研究は必ずしも多くはないし，また結論が一致しないことも少なくない。理由の一つは，世代論には方法論的・理論的なさまざまな難問が隠れているためである。たとえば，世代の問題は年齢や時代の問題と不可分であり，世代・年齢・時代の効果の識別は一般には容易ではなく，確立された方法が存在するとはいい難い。これらの交互作用効果まで考えるとさらに問題は錯綜し，また，これらの効果をもたらす根本原因への遡及的探索の方法に至っては，さらに検討が遅れている。しかし，このような分析上の諸困難があるにもかかわらず，世代は社会変動を考えるときに大きな意味を持ち，研究の必要性は高いと思われる。
2) もし「非回答バイアス」と「誤答」効果の方向と大きさが，時点間でかつ年代間で安定的であるという仮定が許されるならば，サーベイデータを年齢別投票率の推定に使うことも考えられるかもしれない。しかしこの仮定が長期間にわたって全年齢層で成り立つということは難しそうであり，少なくとも現在のところ検討できていない。
3) ＜結果調データ＞の具体的な出所は，各選挙後に刊行されてきた自治省結果調と近年では明推協のホームページである。より詳しくは，付録1を参照されたい。明推協のホームページには，年齢別投票率の推移のグラフも掲載されている。
4) 区部と村部との投票率の差が大きい選挙では誤差が大きくなり，区部と村部の投票率の差が小さい選挙では誤差が小さくなるなどと予想している。しかし，全面的な補正の仕事は別の機会に委ね，本論文では，近似として，＜結果調データ＞の数値を用いることにする。データを補正しないままでの比較は，数値それ自身に誤差が混じっている点や，都市規模間での人口移動や人口割合の変化の影響を受けてしまう点などは問題になりうるが，全国レベルでの誤差は＋1～4％程度であり，また系統的であるため，今回の予備的探索には精度は十分であると判断した（補正の方法にも，有権者数で補正する，年代別有権者数で補正する，年代別人口で補正する，などもあり，正確さ・簡便さ・誤差の程度など，未検討である）。

参 考 文 献

1. 蒲島郁夫（1988）『政治参加』東京大学出版会。
2. 三船毅（2005）「投票参加の低下：90年代における衆議院選挙投票率低下の分析」，日本政治学会編『年報政治学2005-Ⅰ：市民社会における参加と代表』木鐸社，135-160ページ。
3. Masaru Kohno "Voter Turnout and Strategic Ticket-Splitting under Ja-

pan's New Electoral Rules". Asian Survey, 37, no. 5, 1997, pp. 429–452.
4. 宮野勝 (1986)「誤答効果と非回答バイアス：投票率を例として」,『理論と方法』1-1 (No.1), 101-114ページ。
5. 宮野勝 (2000)「「政党支持なし」の下位分類についての研究ノート」,『中央大学文学部社会学科紀要』10号, 135-147ページ。
6. 朝日新聞社 CD-ROM『asahi.com で見る2003総選挙のすべて』(2003)。
7. 自治省行政局選挙部「衆議院議員総選挙・最高裁判所裁判官国民審査結果調」(各選挙ごとに刊行)。

参考URL

1. 明るい選挙推進連盟　http://www.akaruisenkyo.or.jp/
2. 総務省の「長期統計系列」　http://www.stat.go.jp/data/chouki/
3. U.S. Census Bureau の HP から, Voting And Registration　http://www.census.gov/population/www/socdemo/voting.html

付録：使用データについて

1) ＜結果調データ＞ (表 5-1, 図 5-3, 図 5-5, 図 5-6, および本文中で使用) は, 1969年衆院選から1993年の衆院選までは, 自治省行政局選挙部刊行の「衆議院議員総選挙・最高裁判所裁判官国民審査結果調」(各選挙後に刊行) の数値を用いた。

1998年・2001年参院選, 2000年・2003年衆院選は, 明推協 HP の「投票率いろいろ」(http://www.akaruisenkyo.or.jp/various/index.html) にリンクされていた各選挙の「年齢別投票率」を用いた。1995年参院選と1996年衆院選は, 上記の明推協 HP の「年齢別投票率」に掲載されていた「前回投票率」を用いた。

2) 選挙結果は2種類のデータを用いている。まず, 表 5-1, 図 5-1, 図 5-2 の「選挙結果」は, 明推協 HP の「投票率いろいろ」(http://www.akaruisenkyo.or.jp/various/index.html) にリンクされていた,「衆議院議員総選挙の男女別投票率の推移」(http://www.akaruisenkyo.or.jp/various/02/index.html),「参議院議員通常選挙の男女別投票率の推移」(http://www.akaruisenkyo.or.jp/various/05/index.html) の数値を用いた。

次に, 本文中で使用した2003年衆院選の市区町村別の有権者数や選挙結果投票率は, 朝日新聞社「asahi.com で見る2003総選挙のすべて」のデータから計算した。

3) ＜国勢調査データ＞ (図 5-4, 図 5-7 で使用) は, 総務庁統計局の「長期統計系列」(http://www.stat.go.jp/data/chouki/) の, それぞれ,「2-2 年齢各歳・男女別人口 (明治17年～平成12年)」(http://www.stat.go.jp/data/chouki/zuhyou/02-02.xls),「2-6 都道府県別面積・市部・郡部別人口・人口集中地区人口・人口密度 (明治31年～平成12年)」(http://www.stat.go.jp/data/chouki/zuhyou/02-06.xls) の数値を用いた。

4) ＜米大統領選データ＞（図 5-8，図 5-9 で使用）については，US Census Bureau HP のデータを用いた。

図 5-8 は，"Table A-9. Reported Voting Rates in Presidential Election Years, by Selected Characteristics : November 1964 to 2004"（http://www.census.gov/population/socdemo/voting/tabA-9.csv）の数値を用いた。

図 5-9 は，"Historical Voting and Registration Reports"（http://www.census.gov/population/www/socdemo/voting/past-voting.html）からリンクされている各選挙年の年齢別投票率から計算した。たとえば1996年については，"Voting and Registration in the Election of November 1996（P20-504）"の"Detailed Tables"（http://www.census.gov/prod/3/98 pubs/p 20-504 u.pdf）に1歳刻みの年齢別投票率があり，そこから18歳から21歳の各年齢の投票率の平均を求めて 18-21歳投票率などとした。

※ 本章は『中央大学社会科学研究所年報』第10号（中央大学社会科学研究所，2006年6月）収載「投票率データの選択と分析——社会変動と世代に関する日米比較に向けて——」に一部修正を施したものである。

執筆者紹介（執筆順）

宮野　勝（みやの　まさる）　社会科学研究所研究員，中央大学文学部教授（はしがき，第 5 章）
安野　智子（やすの　さとこ）　社会科学研究所研究員，中央大学文学部准教授（第 1 章）
Steven R. REED（スティーブン R. リード）　社会科学研究所研究員，中央大学総合政策学部教授（第 2 章）
高橋　尚子（たかはし　ひさこ）　社会科学研究所客員研究員，中央大学文学部兼任講師（第 3 章）
塩沢　健一（しおざわ　けんいち）　社会科学研究所客員研究員，中央大学公共政策研究科兼任講師（第 4 章）

選挙の基礎的研究　　　　　　　　　中央大学社会科学研究所研究叢書 22

2009 年 3 月 30 日　発行

編著者　宮　野　　　勝
発行者　中央大学出版部
代表者　玉　造　竹　彦

〒192-0393　東京都八王子市東中野 742-1
発行所　中央大学出版部
電話 042(674)2351　FAX 042(674)2354
http : //www 2.chuo-u.ac.jp/up/

© 2009　　　　　　　　　　　　　　　　　　　電算印刷㈱

ISBN 978-4-8057-1323-5

中央大学社会科学研究所研究叢書

1 中央大学社会科学研究所編
自主管理の構造分析
－ユーゴスラヴィアの事例研究－
Ａ５判328頁・定価2940円

80年代のユーゴの事例を通して，これまで解析のメスが入らなかった農業・大学・地域社会にも踏み込んだ最新の国際的な学際的事例研究である。

2 中央大学社会科学研究所編
現代国家の理論と現実
Ａ５判464頁・定価4515円

激動のさなかにある現代国家について，理論的・思想史的フレームワークを拡大して，既存の狭い領域を超える意欲的で大胆な問題提起を含む共同研究の集大成。

3 中央大学社会科学研究所編
地域社会の構造と変容
－多摩地域の総合研究－
Ａ５判462頁・定価5145円

経済・社会・政治・行財政・文化等の各分野の専門研究者が協力し合い，多摩地域の複合的な諸相を総合的に捉え，その特性に根差した学問を展開。

4 中央大学社会科学研究所編
革命思想の系譜学
－宗教・政治・モラリティー－
Ａ５判380頁・定価3990円

18世紀のルソーから現代のサルトルまで，西欧とロシアの革命思想を宗教・政治・モラリティに焦点をあてて雄弁に語る。

5 高柳先男編著
ヨーロッパ統合と日欧関係
－国際共同研究Ｉ－
Ａ５判504頁・定価5250円

EU統合にともなう欧州諸国の政治・経済・社会面での構造変動が日欧関係へもたらす影響を，各国研究者の共同研究により学際的な視点から総合的に解明。

6 高柳先男編著
ヨーロッパ新秩序と民族問題
－国際共同研究Ⅱ－
Ａ５判496頁・定価5250円

冷戦の終了とEU統合にともなう欧州諸国の新秩序形成の動きを，民族問題に焦点をあて各国研究者の共同研究により学際的な視点から総合的に解明。

■━━━━━━中央大学社会科学研究所研究叢書━━━━━━■

坂本正弘・滝田賢治編著

7 現代アメリカ外交の研究

A 5 判264頁・定価3045円

冷戦終結後のアメリカ外交に焦点を当て，21世紀，アメリカはパクス・アメリカーナⅡを享受できるのか，それとも「黄金の帝国」になっていくのかを多面的に検討。

鶴田満彦・渡辺俊彦編著

8 グローバル化のなかの現代国家

A 5 判316頁・定価3675円

情報や金融におけるグローバル化が現代国家の社会システムに矛盾や軋轢を生じさせている。諸分野の専門家が変容を遂げようとする現代国家像の核心に迫る。

林　茂樹編著

9 日本の地方ＣＡＴＶ

A 5 判256頁・定価3045円
〈品切〉

自主製作番組を核として地域住民の連帯やコミュニティ意識の醸成さらには地域の活性化に結び付けている地域情報化の実態を地方のCATVシステムを通して実証的に解明。

池庄司敬信編

10 体制擁護と変革の思想

A 5 判520頁・定価6090円

A.スミス，E.バーク，J.S.ミル，J.J.ルソー，P.J.プルードン，Ф.N.チュッチェフ，安藤昌益，中江兆民，梯明秀，P.ゴベッティなどの思想と体制との関わりを究明。

園田茂人編著

11 現代中国の階層変動

A 5 判216頁・定価2625円

改革・開放後の中国社会の変貌を，中間層，階層移動，階層意識などのキーワードから読み解く試み。大規模サンプル調査をもとにした，本格的な中国階層研究の誕生。

早川善治郎編著

12 現代社会理論とメディアの諸相

A 5 判448頁・定価5250円

21世紀の社会学の課題を明らかにし，文化とコミュニケーション関係を解明し，さらに日本の各種メディアの現状を分析する。

中央大学社会科学研究所研究叢書

石川晃弘編著

13 体制移行期チェコの雇用と労働

A5判162頁・定価1890円

体制転換後のチェコにおける雇用と労働生活の現実を実証的に解明した日本とチェコの社会学者の共同労作。日本チェコ比較も興味深い。

内田孟男・川原　彰編著

14 グローバル・ガバナンスの理論と政策

A5判300頁・定価3675円

グローバル・ガバナンスは世界的問題の解決を目指す国家，国際機構，市民社会の共同を可能にさせる。その理論と政策の考察。

園田茂人編著

15 東アジアの階層比較

A5判264頁・定価3150円

職業評価，社会移動，中産階級を切り口に，欧米発の階層研究を現地化しようとした労作。比較の視点から東アジアの階層実態に迫る。

矢島正見編著

16 戦後日本女装・同性愛研究

A5判628頁・定価7560円

新宿アマチュア女装世界を彩った女装者・女装者愛好男性のライフヒストリー研究と，戦後日本の女装・同性愛社会史研究の大著。

林　茂樹編著

17 地域メディアの新展開
　　－CATVを中心として－

A5判376頁・定価4515円

『日本の地方CATV』（叢書9号）に続くCATV研究の第2弾。地域情報，地域メディアの状況と実態をCATVを通して実証的に展開する。

川崎嘉元編著

18 エスニック・アイデンティティの研究
　　－流転するスロヴァキアの民－

A5判320頁・定価3675円

多民族が共生する本国および離散・移民・殖民・難民として他国に住むスロヴァキア人のエスニック・アイデンティティの実証研究。

■━━━━━━中央大学社会科学研究所研究叢書━━━━━━■

菅原彬州編
19 連続と非連続の日本政治

A5判328頁・定価3885円

近現代の日本政治の展開を「連続」と「非連続」という分析視角を導入し,日本の政治的転換の歴史的意味を捉え直す問題提起の書。

斉藤　孝編著
20 社会科学情報のオントロジ
－社会科学の知識構造を探る－

A5判416頁・定価4935円

オントロジは,知識の知識を研究するものであることから「メタ知識論」といえる。本書は,そのオントロジを社会科学の情報化に活用した。

一井　昭・渡辺俊彦編著
21 現代資本主義と国民国家の変容

A5判320頁・定価3885円

共同研究チーム「グローバル化と国家」の研究成果の第3弾。世界経済危機のさなか,現代資本主義の構造を解明し,併せて日本・中国・ハンガリーの現状に経済学と政治学の領域から接近する。

定価は消費税5％を含みます。